Die meistgestellten FRAGEN an die MAUS

?! DER RÄTSEL-BLOCK

CARLSEN

FRAG doch mal ...

LOS GEHT'S!

Schnapp dir deine Stifte und rätsle dich durch den Block: kniffelige Sudokus, spannende Quiz-Fragen, verzweigte Labyrinthe und andere Knobelaufgaben warten darauf, von dir gelöst zu werden. Zwischendurch gibt es natürlich auch immer wieder Zeit zum Entspannen und genügend Platz zum Aus- und Weitermalen.

Viele lustige Bastelideen, Rezepte und Experimente laden zum Mitmachen und Ausprobieren ein – so kannst du zum Beispiel eine XXL-Maus basteln, einen Regenbogen an die Wand zaubern, aus reifen Bananen einen Kuchen backen oder Sandkörner durch laute Musik zum Tanzen bringen.

MAUSSCHLAU!

In diesen Kästen hat die Maus viele spannende Infos zu den meistgestellten Kinderfragen gesammelt. Ob über Löcher im Käse, fleißige Maulwürfe oder das erste Alphabet – hier gibt es zusätzlich zu den Rätseln jede Menge Lesefutter.

WER HAT DIE MAUS ERFUNDEN?

Vor über 50 Jahren, im März 1971, hatte die Maus ihren ersten großen Auftritt im Fernsehen. Die fröhliche und selbstbewusste Maus wurde gezeichnet von Isolde Schmitt-Menzel, die sich im Folgenden viele weitere Maus-Geschichten ausgedacht hat. In den Zeichentrickfilmen von Friedrich Menzel konnte sich die gezeichnete Maus dann auch bewegen.

Weißt du, wie die erste Bildergeschichte mit der Maus hieß? Finde die gesuchten Buchstaben.

LÖSUNG

Die erste Bildergeschichte mit der Maus hieß **„DIE MAUS IM LADEN“**.

UND WARUM IST DIE MAUS ORANGE?

In Büchern oder Filmen haben Tiere manchmal ganz andere Farben als in der Natur. Bestes Beispiel: die Maus! Sie ist seit über 50 Jahren orange – denn wer so fröhlich durch die Welt spaziert und solch unglaubliche Ideen hat, kann wohl kaum mausegrau sein. Oder?

Male die Tiere doch mal ganz anders aus, als sie in Wirklichkeit sind! Warum nicht einen rosafarbenen Elefanten, einen grünen Löwen oder einen blau gepunkteten Affen?

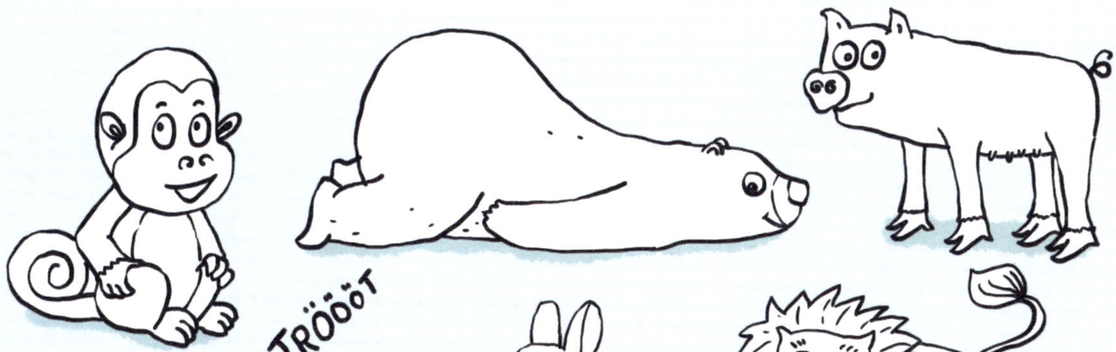

MAUSSCHLAU!

Orange ist eine auffällige Farbe, die zum unbeschwerten Charakter der Maus passt. Einen starken Kontrast dazu bilden der knallblaue Elefant und die gelbe Ente – ebenfalls leuchtende Farben, die aber gut mit dem Orange harmonieren.

MAUS-STARSCHNITT

Wer seit über 50 Jahren so munter und gut gelaunt über den Bildschirm läuft, ist ein echter Star!

Schneide die Teile der nächsten drei Seiten aus und klebe sie zu einem großen Mausbild zusammen. Ob du die Maus orange oder ganz bunt anmalst, darfst du entscheiden – du bist der Künstler!

WARUM KÖNNEN FLUGZEUGE FLIEGEN?

Flügel geben einem Flugzeug Auftrieb. Dazu müssen sie schnell von Luft umströmt werden. Dies gelingt auf einer langen Startbahn: Denn erst auf dieser Strecke erreichen die Flugzeuge die notwendige Geschwindigkeit, um ausreichend Auftrieb zu bekommen. Ist der Auftrieb groß genug, überwindet er das Gewicht des Flugzeugs – es hebt ab!

Und nun bist du dran! Bastle dir einen Flieger!

1. Falte ein DIN A4-Blatt an der langen Seite in der Mitte und klappe es wieder auseinander. Nun hast du eine mittlere Linie. Falte dann beide langen Seiten zu dieser geknickten Linie.
2. Die beiden Seiten faltest du wieder auf. Indem du die Ecken zu den äußeren Faltlinien knickst, machst du zwei „Ohren" in das Blatt.
3. Falte nun beide Seiten zur Mittellinie. So entsteht eine Spitze.
4. Jetzt werden beide Seiten noch einmal zur Mitte gefaltet. Die Spitze wird dadurch länger und schmaler.
5. Drehe das Blatt einmal auf die andere Seite und klappe den Flieger an der Mittellinie zusammen.
6. Nun sind die Flügel dran: Knicke das Papier an beiden Seiten zur Mittellinie. Pass auf, dass die Flügel nicht über die Mittellinie hinausragen! Besonders die Spitze solltest du sorgfältig falten.
7. Fertig ist der Superflieger!

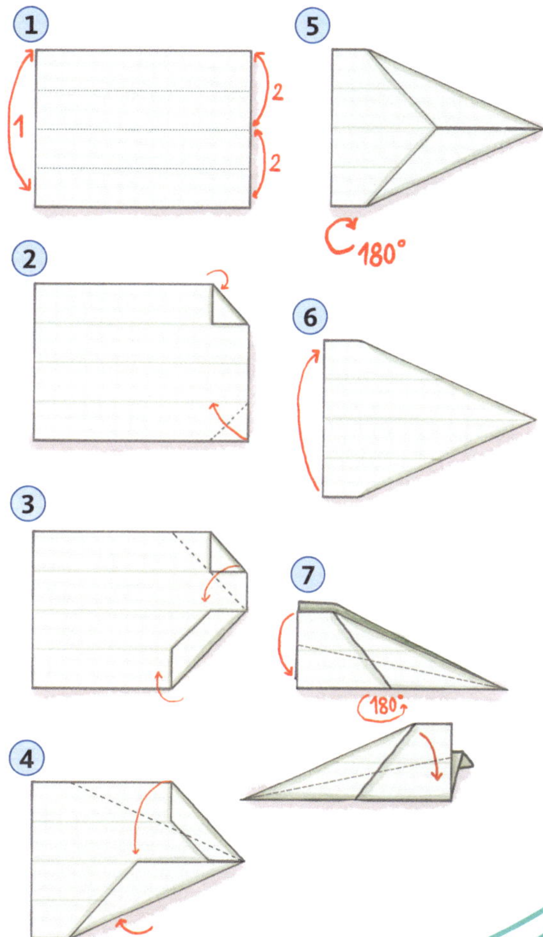

AUF DEM FLUGPLATZ

Flieger heben ab, andere landen ... Auf dem Flughafen ist viel los!

Suche die Wörter zum Thema Flughafen im Buchstabengitter und kreise sie dort ein.

1. Menschen, die mit einem Flugzeug oder einem Schiff reisen, nennt man ...
2. Der Gang, über den man ins Flugzeug gelangt.
3. Eine lange ... ist wichtig, damit das Flugzeug abheben kann.
4. Sie sitzt im Cockpit und fliegt das Flugzeug.
5. Auf großen ... steht, wann welches Flugzeug startet und welches landet.
6. Der Kontrollturm auf dem Flugplatz heißt ...
7. Große Halle am Flugplatz mit Geschäften und Restaurants.

P	A	S	S	D	I	E	R	E	N	D	E	R
D	A	W	O	G	M	A	N	E	N	T	L	A
N	G	G	P	A	S	S	A	G	I	E	R	E
D	U	S	E	N	A	N	T	R	A	B	A	M
G	E	P	A	G	C	K	S	T	U	C	K	E
T	R	O	L	W	L	I	H	T	I	L	S	W
A	G	S	T	A	R	T	B	A	H	N	E	R
E	C	H	E	Y	O	O	L	F	O	T	L	E
U	C	H	R	T	T	W	U	E	R	M	L	I
C	H	T	M	W	A	E	R	L	T	E	R	I
M	H	A	I	F	E	R	N	N	B	E	V	K
E	N	T	N	A	U	C	H	E	R	B	I	L
D	Y	N	A	M	A	S	T	S	C	H	W	I
I	P	I	L	O	T	I	N	A	U	C	H	I

LÖSUNG

P	A	S	S	D	I	E	R	E	N	D	E	R
D	A	W	O	G	M	A	N	E	N	T	L	A
N	G	G	P	A	S	S	A	G	I	E	R	E
D	U	S	E	N	A	N	T	R	A	B	A	M
G	E	P	A	G	C	K	S	T	U	C	K	E
T	R	O	L	W	L	I	H	T	I	L	S	W
A	G	S	T	A	R	T	B	A	H	N	E	R
E	C	H	E	Y	O	O	L	F	O	T	L	E
U	C	H	R	T	T	W	U	E	R	M	L	I
C	H	T	M	W	A	E	R	L	T	E	R	I
M	H	A	I	F	E	R	N	N	B	E	V	K
E	N	T	N	A	U	C	H	E	R	B	I	L
D	Y	N	A	M	A	S	T	S	C	H	W	I
I	P	I	L	O	T	I	N	A	U	C	H	I

LANGSTRECKENFLUG

Manche Strecken sind so weit, dass die Flugzeuge unterwegs landen und neu tanken müssen. Von Frankfurt am Main bis Sydney (Australien) sind es fast 16.500 Kilometer!

Wie lang sind die Flugstrecken zwischen diesen Städten? Löse die Rechenaufgaben und schreibe die Ergebnisse auf.

Frankfurt – Paris/FRANKREICH: 120 + 80 + 55 + 100 + 45 + 82 = ______

Hamburg – Kapstadt/SÜDAFRIKA: 2.000 + 2.500 + 3.000 + 500 + 1.000 + 732 = ______

Berlin – Moskau RUSSLAND: 2 + 300 + 300 + 250 + 250 + 500 = ______

München – Oslo/NORWEGEN: 150 + 170 + 22 + 450 + 300 + 50 + 200 = ______

MAUSSCHLAU!

Im Jahre 1903 gelang es den Brüdern Wright, mit einem Motorflugzeug in die Luft zu steigen. Der erste Flug war nach 37 Metern beendet, aber beim vierten Flug schafften sie schon 260 Meter!

LÖSUNG

Frankfurt – Paris: 482 km

Hamburg – Kapstadt: 9.732 km

Berlin – Moskau: 1.602 km

München – Oslo: 1.342 km

LUFTVERKEHR

Am Himmel sieht man nicht nur Flugzeuge – was ist noch fliegend oder durch die Luft gleitend unterwegs?

Bringe die Buchstaben in die richtige Reihenfolge.

1

UBHSHCRUABRE

2

EIZPPELN

3

ALLFSCHMIR

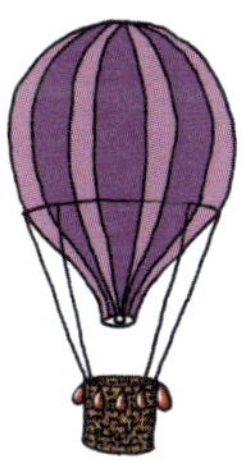

4

HISSELUFBTAOLLN

LÖSUNG

1. HUBSCHRAUBER
2. ZEPPELIN
3. FALLSCHIRM
4. HEISSLUFTBALLON

WARUM IST DER HIMMEL BLAU?

Für einen blauen Himmel braucht es **Sonnenlicht**. Sonst wäre es hier auf der Erde so dunkel wie im Weltall. Genauso wichtig wie das Licht ist die **Luft**. Denn erst wenn das Licht auf Luftteilchen trifft, kann das Licht gestreut werden. Und wir sehen nur **gestreutes Licht**. Das Licht, das am meisten gestreut wird, ist das blaue Licht. Daher sehen wir den Himmel blau – und nicht gelb, grün oder lila.

Die Idee mit der Streuung des Lichts hatte ein Mann aus England vor über 100 Jahren. Finde seinen Nachnamen heraus, indem du jeden Buchstaben durch seinen Vorgänger im Alphabet ersetzt.

A	B	C	D	E	F	G	H	I	J	K	L	M	N	O	P	Q	R	S	T	U	V	W	X	Y	Z

Beispiel: Tpoofomjdiu = Sonnenlicht

Sbzmfjhi = ____________________

LÖSUNG

Rayleigh war der Nachname des Mannes, der vor über 100 Jahren die Idee mit der Streuung des Lichts hatte. Mit vollen Titel hieß der Herr John William Strutt, 3. Baron Rayleigh. Die Streuung, die er entdeckt hatte, ist nach ihm benannt und heißt bis heute Rayleigh-Streuung.

(M)AUSPROBIERT

Licht stellen sich Wissenschaftler oft wie Wellen vor. Und die Lichtwellen der einzelnen Farben haben ganz unterschiedliche **Wellenlängen**. Rot gilt als langwellig, blau als kurzwellig. Mit einem einfachen Versuch in der Küche kannst du nachstellen, wie Lichtwellen **gestreut** werden.

Du brauchst:

- eine flache Schale
- einen halben Apfel
- eine Rosine

So geht's:

Lege den Apfel in die Schale und fülle so viel Wasser hinein, dass der obere Teil des Apfels noch aus dem Wasser schaut. Warte ab, bis das Wasser ganz ruhig ist. Nun lässt du eine Rosine ins Wasser fallen.

Zeichne hier auf, was du dabei beobachtest:

Was passiert? Es bilden sich kleine Wellen. Dies sollen die kurzwelligen, blauen Lichtwellen sein. Wenn diese Wellen auf den Apfel stoßen, prallen sie ab und werden gestreut in alle Richtungen. In der Natur passiert genau das mit den blauen Lichtwellen, wenn sie auf ein Luftteilchen treffen.

Und weiter? Drücke mit der flachen Hand fest ins Wasser, dann bilden sich große Wellen. So wie beim roten, langwelligen Licht. Die Wellen schwappen über den Apfel hinweg und werden nicht gestreut. Für den Himmel bedeutet das: **Da wir nur gestreutes Licht sehen können und blaues Licht am meisten gestreut wird, sehen wir ihn blau!**

(M)AUSZEIT

Male die Maus so aus,
wie sie dir gefällt!
Und einen blauen Himmel
und eine strahlende Sonne
dürfen auch nicht fehlen.

NACHTWÄCHTER

Ohne Sonnenlicht gibt es keinen blauen Himmel. Alles ist dunkel. Um nachts besser sehen zu können, hat die Maus ihre Taschenlampe dabei.

Welcher Schatten passt zur bunten Maus? Kreise den richtigen Schatten ein.

MAUSSCHLAU!

Trotz des Sonnenlichts ist das Weltall schwarz. Es fehlt die Luft – die gibt es nur in der Atmosphäre der Erde, nicht aber im Weltall. Und ohne Luft gibt es auch keinen blauen Himmel.

WIE KOMMT DER REGENBOGEN AN DEN HIMMEL?

Um einen schönen Regenbogen am Himmel zu sehen, braucht man nicht nur Sonnenlicht, sondern auch Regentropfen. Im flüssigen Wassertropfen wird das Sonnenlicht nicht nur in seine Grundfarben zerlegt, sondern auch so reflektiert, dass es nun genau in unsere Augen trifft. Der Regenbogen ist also nur gebrochenes und gespiegeltes Licht, man kann ihn daher niemals anfassen oder an sein Ende kommen.

Löse dieses Wetter-Sudoku, indem du die fehlenden Symbole ergänzt. Jedes darf pro Reihe, Spalte und Viererfeld nur jeweils einmal vorkommen.

LÖSUNG

(M)AUSPROBIERT

Wie entsteht ein Regenbogen? Mit diesem Experiment kannst du ganz einfach einen Regenbogen in dein Zimmer zaubern.

Du brauchst:

- einen kleinen Spiegel
- einen tiefen Teller oder eine Schale
- ein paar kräftige Sonnenstrahlen von draußen
- eine weiße Wand

So geht's:

Fülle den tiefen Teller mit Wasser. Halte den Spiegel über den Teller und fange mit ihm ein paar Sonnenstrahlen ein. Wenn du den Spiegel richtig hältst, siehst du auf der weißen Wand die Farben des Regenbogens.

Das passiert: Im Wasser werden die eigentlich weißen Strahlen des Sonnenlichts gebrochen und sichtbar gemacht – es sind die Farben des Regenbogens. Diese Farben nennt man auch Spektralfarben. Der Spiegel reflektiert nun diese Farben und wirft sie für uns sichtbar an die Wand.

(M)AUSZEIT

Weißt du noch, wann du das letzte Mal einen Regenbogen gesehen hast? Wo war das? Und wie waren die Farben angeordnet?

Male den Regenbogen so aus, wie du ihn in Erinnerung hast.

WARUM IST WASSER DURCHSICHTIG, ABER DAS MEER BLAU?

Das liegt wie beim blauen Himmel daran, dass blaues Licht am meisten **gestreut** wird. Dazu kommt aber auch, dass die anderen Farben des Lichts stärker vom Wasser **absorbiert** werden. Das heißt, die anderen Farben werden vom Wasser „geschluckt“, besonders gern Rot, Orange und Gelb. Übrig bleibt also Blau!

Diese Tiere leben in der Tiefsee. Schreibe ihre Namen richtig auf, indem du dir einen Spiegel zu Hilfe nimmst.

MAUSSCHLAU!

Ab einer Wassertiefe von etwa 200 Metern wird das Meer dunkel. Hier kommt kaum noch Licht an, sodass Pflanzen hier nicht wachsen können. Aber es gibt viele Tierarten, die in der Tiefsee leben.

LÖSUNG

Die Tiere in der Tiefsee heißen **Anglerfisch**, **Pelikanaal** und **Riesenkalmar**.

Anglerfisch

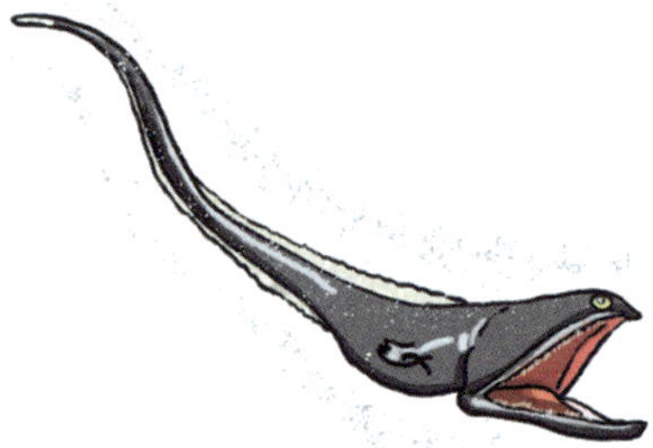

Pelikanaal

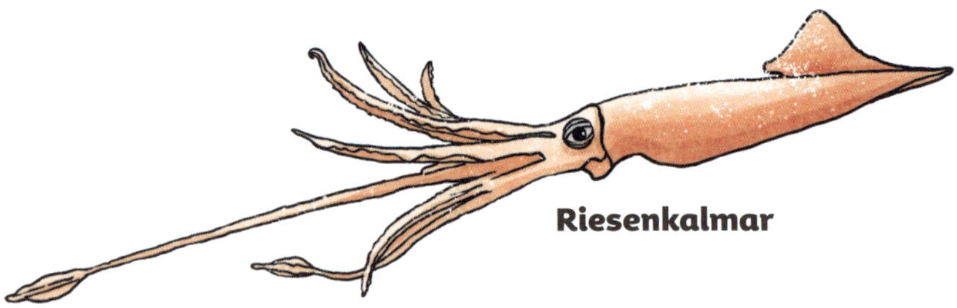

Riesenkalmar

UND WARUM SIEHT DAS WASSER MANCHMAL TÜRKIS AUS?

Das liegt nicht am Licht, sondern an allem, was in den Seen und Meeren herumschwimmt.

In diesem Text steht noch mehr dazu. Allerdings haben sich ein paar überflüssige Buchstaben eingeschlichen. Trage sie der Reihenfolge nach unten in die Kästchen ein. Sie verraten dir den Namen der tiefsten Stelle aller Meere.

MWinzige Tiere und Pflanzen fäarben das Wasrser grün. Im flachen Wasser in Uferinähe wirft der helle Saand das Sonnenlicht direkt zurück. Dandurch erscheint das Blau helleer und songar türkisfarben. Da Flüsse goft Schlamm und Erdkrümel mitführen, errscheint ihr Wasser bräunlich. Waeit draußen im Meer oder bauch im Schwimmbaed ist sauberes Wasser aber immner blau.

LÖSUNGSWORT:

LÖSUNG

MWinzige Tiere und Pflanzen fäarben das Wasrser grün. Im flachen Wasser in Uferinähe wirft der helle Saand das Sonnenlicht direkt zurück. Dandurch erscheint das Blau helleer und songar türkisfarben. Da Flüsse goft Schlamm und Erdkrümel mitführen, errscheint ihr Wasser bräunlich. Waeit draußen im Meer oder bauch im Schwimmbaed ist sauberes Wasser aber immner blau.

M	A	R	I	A	N	E	N	G	R	A	B	E	N

Der Marianengraben im Pazifischen Ozean ist mit etwa 11.000 Metern die tiefste Stelle aller Meere.

BLUBBERWASSER

Beim Schwimmen, Baden und Wohlfühlen gibt es viele englische Begriffe, die wir im Deutschen auch verwenden.

Quiz dich schlau mit diesen Ratefragen!
Die Silben vor den richtigen Antworten verraten dir zusammengesetzt das Lösungswort.

1 Weißt du, wie das sprudelnde Becken heißt, in dem die Maus badet?

a. **(BA)** Girlpool

b. **(BI)** Whirlpool

c. **(BU)** Curlpool

2 Wenn man es sich in der Sauna und im Schwimmbad gutgehen lässt, sich vielleicht noch eine Massage gönnt, macht man einen ...

a. **(KE)** Bellness-Tag

b. (**KA)** Tellness-Tag

c. **(KI)** Wellness-Tag

3 Und wie heißt ein größeres Schwimmbecken, das es auf manchen Hotelanlagen oder auch in einigen Gärten zu sehen gibt?

a. **(NI)** Swimmingpool

b. **(NO)** Stimmingpool

c. **(NA)** Shimmingpool

LÖSUNGSWORT: ______

LÖSUNG

1b, 2c, 3a.
Lösungswort: **Bikini**

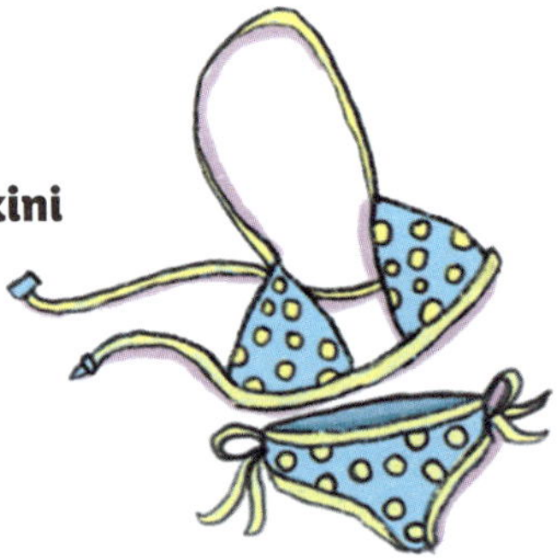

(M)AUSZEIT

Die Maus erforscht die Unterwasserwelt.
Stell dir vor, du tauchst selbst durch diesen spannenden Lebensraum, und male das Bild aus.

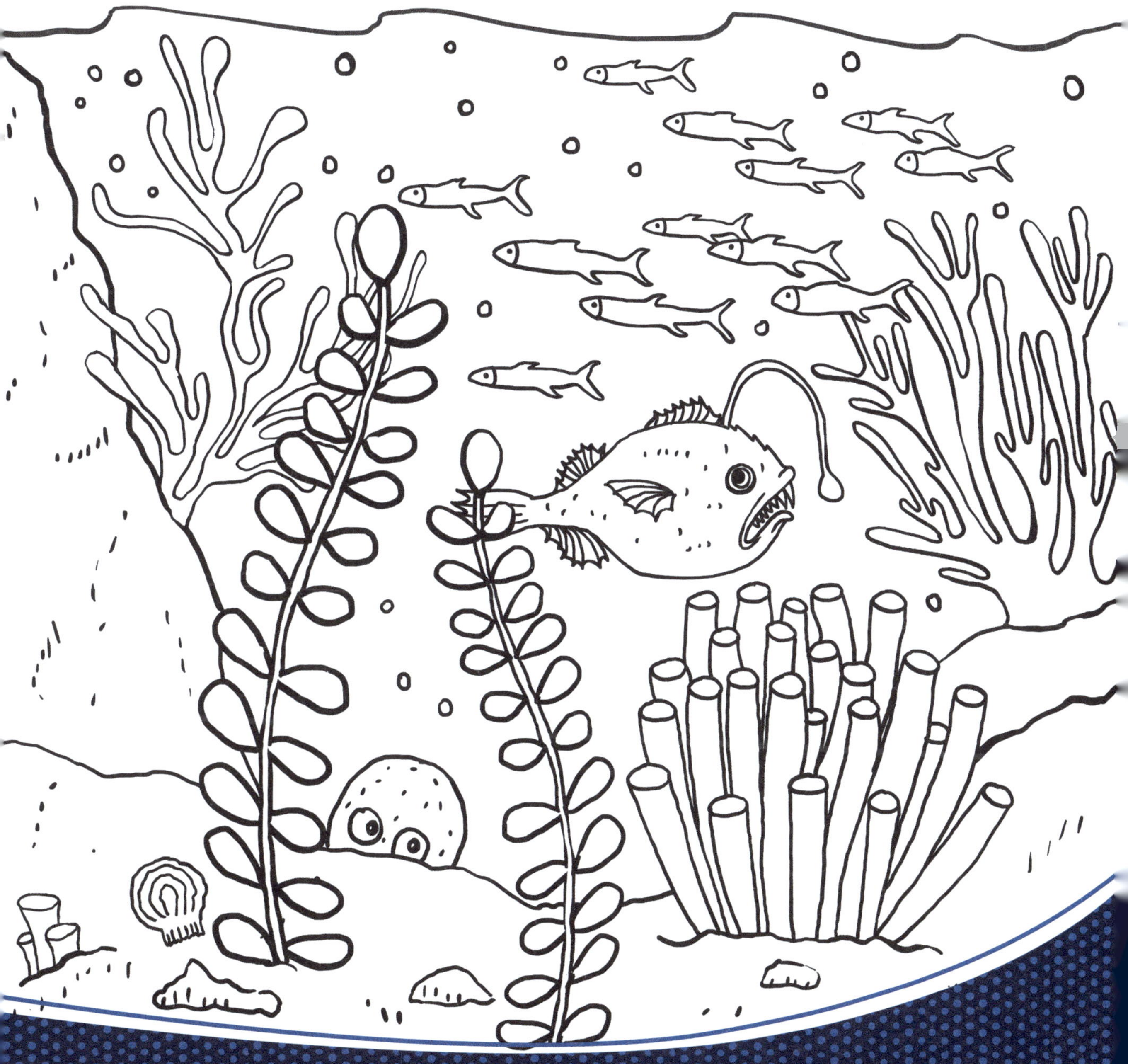

WIE KOMMT DER STROM IN DIE STECKDOSE?

Strom wird aus ganz verschiedenen Elementen und auch auf ganz unterschiedliche Weise hergestellt. Strom ist eine Form von Energie, nämlich elektrische Energie. Diese elektrische Energie wird aus anderen Energien gewonnen. Man wandelt sie also um. In einem Kohlekraftwerk wird Wärmeenergie zum Beispiel in elektrische Energie umgewandelt.

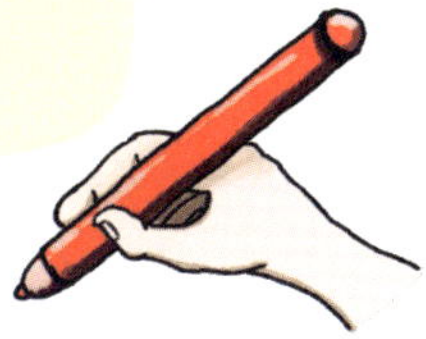

Schau mal bei dir zu Hause in die Küche:
Wie viele Geräte verbrauchen dort Strom?

Schreibe sie auf: ______________________________

____

____

Und bei dir im Zimmer: Wie viele Geräte sind mit einer Steckdose verbunden?

____

____

____

MAUSSCHLAU!

Ob der Strom in einem Kohlekraftwerk oder in einer Windkraftanlage hergestellt wird – immer wird in einem Generator Strom erzeugt, der dann durch Leitungen bis zu dir nach Hause in die Steckdose fließt.

LÖSUNG

In der Küche gibt es viele Geräte, die Strom verbrauchen. Das sind zum Beispiel:

Wasserkocher, Herd, Backofen, Kühlschrank, Mikrowelle, Kaffeemaschine, Rührgerät, Pürierstab, Toaster, Küchenradio, Küchenmaschine, Milchaufschäumer.

Weitere Geräte im Haushalt, die Strom benötigen, sind zum Beispiel:
Fernseher, Computer, Lampen, Haartrockner.

WINDENERGIE

Windräder produzieren elektrische Energie (also Strom) aus bewegter Energie. Weil Wind immer vorhanden sein wird und man aus ihm immer wieder neu Energie gewinnen kann, zählt die Windenergie zu den erneuerbaren Energien.

Diese Windräder laufen nicht mehr ganz rund. Repariere sie, indem du die fehlenden Zahlen und Rechenzeichen (+ oder –) auf den Rotorblättern und Türmen ergänzt.

8 − 25 = 25 − 42 +
13 + 10 = 30 − 33 −
45 − 30 = 5 − 80 −
18 + 4 = 40 + 18 +
77 − 23 = 0 − 100 −

ERNEUERBARE ENERGIEN

Neben der Windenergie gibt es auch viele weitere Energieformen, die zu den erneuerbaren Energien zählen. Allerdings gibt es auch heute noch viele Kraftwerke, die Energie aus fossilen und damit nicht erneuerbaren Energiequellen herstellen.

Sortiere diese Energielieferanten in die Tabelle ein.

Steinkohle – Sonnenlicht – Wasser – Erdöl – Erdgas – ~~Wind~~

ERNEUERBARE ENERGIEQUELLEN	NICHT ERNEUERBARE ENERGIEQUELLEN
Wind	

MAUSSCHLAU!

„Fossilis“ ist Lateinisch und bedeutet „ausgegraben“. Du kennst bestimmt Fossilien wie Dinosaurierknochen oder versteinerte Seeigel. Auch fossile Energiequellen müssen aus der Erde ausgegraben werden, oftmals in riesigen Bergwerken.

ERNEUERBARE ENERGIEQUELLEN	NICHT ERNEUERBARE ENERGIEQUELLEN
Wind	Erdöl
Wasser	Erdgas
Sonnenlicht	Steinkohle

BERUFE RATEN

Die Frage, wie der Strom in die Steckdose kommt, kann dir am allerbesten und noch viel genauer eine Elektrikerin beantworten. Möchtest du wissen, wie es ist, im Weltraum zu schweben, fragst du lieber eine Astronautin. Und mit den Vögeln, die am höchsten fliegen können, kennt sich ein Ornithologe sehr gut aus.

Finde zu jedem Buchstaben einen Beruf. Vielleicht fallen dir zu einigen Buchstaben ja sogar mehrere ein. Und natürlich sind auch ein paar lustige Einfälle und Erfindungen erlaubt.

A ASTRONAUTIN

B ______

C ______

D ______

E ELEKTRIKERIN

F ______

G ______

H ______

I ______

J ______

K ______

L ______

M ______

N ______

O ORNITHOLOGE

P ______

Q ______

R ______

S ______

T ______

U ______

V ______

W ______

X ______

Y ______

Z ______

LÖSUNG

Mögliche Berufe sind:

Astronautin
Bäcker
Chemikerin
Dompteur
Elektrikerin
Friseur
Gärtnerin
Hutmacher
Ingenieurin
Jeans-Verkäufer
Kellner
Lehrer
Maurerin
Nähmaschinenverkäufer
Ornithologin
Pilotin
Quallenforscher
Reitlehrer
Schriftsteller
Tierärztin
Unfallarzt
Virologe
Walforscherin
Xylophon-Spielerin
Yachtenbauer
Zahnarzt

WIE FUNKTIONIERT EIN COMPUTER?

Ein Computer ist ein sehr kompliziertes Gerät, man könnte ein ganzes Buch über ihn schreiben. Hier kommt eine kurze Erklärung, die jedenfalls einen kleinen Teil der Frage beantwortet.

Finde heraus, welche überflüssigen Buchstaben sich in den Text eingeschlichen haben und schreibe sie der Reihe nach auf. Zusammen ergeben sie das deutsche Wort für „Computer".

REin Computer führet Befehle aus, die Menschcen in ein Computerprohgramm geschrieben haben. Der Compunter wandelt die Befehle aus einer Computerspraeche in elektrische Zeichen um und führt sie alle hirntereinander und superschnell aus.

LÖSUNGSWORT:

LÖSUNG

REin Computer führet Befehle aus, die Menschcen in ein Computerprohgramm geschrieben haben. Der Compunter wandelt die Befehle aus einer Computerspraeche in elektrische Zeichen um und führt sie alle hirntereinander und superschnell aus.

R	E	C	H	N	E	R

Das englische Wort „Computer“ bedeutet auf Deutsch „Rechner“.

COMPUTERWISSEN

In diesem Buchstabensalat haben sich neun Begriffe rund ums Thema „Computer“ versteckt. Findest du sie? Sie können waagerecht oder senkrecht geschrieben sein.

Kreise jedes gefundene Wort ein und streiche es unten durch.

G	R	A	F	I	K	K	A	R	T	E	M	U	L	T	I
M	E	D	I	A	D	I	S	P	L	A	X	K	A	B	E
L	S	A	L	A	T	B	S	O	S	S	E	N	D	R	E
S	S	B	E	T	R	I	E	B	S	S	Y	S	T	E	M
I	N	G	V	E	R	L	B	I	N	D	U	N	G	S	F
E	P	H	F	L	E	D	R	M	E	L	D	U	N	D	G
A	R	B	E	I	T	S	S	P	E	I	C	H	E	R	U
B	O	E	S	R	T	C	R	A	G	U	N	G	S	U	T
R	Z	A	T	E	M	H	A	L	M	I	T	R	O	C	A
S	E	E	P	N	T	I	H	A	L	B	R	U	C	K	S
E	S	A	L	M	R	R	A	U	S	C	H	E	N	E	T
D	S	E	A	N	B	M	A	U	S	A	C	H	M	R	A
M	O	A	T	I	K	A	F	E	R	P	L	A	G	E	T
U	R	N	T	B	E	P	R	O	G	R	A	M	M	U	U
T	E	L	E	V	E	R	G	E	S	S	E	R	I	N	R

PROZESSOR
FESTPLATTE
MAUS
TASTATUR
BETRIEBSSYSTEM
DRUCKER
ARBEITSSPEICHER
BILDSCHIRM
GRAFIKKARTE
PROGRAMM

LÖSUNG

G	R	A	F	I	K	K	A	R	T	E	M	U	L	T	I
M	E	D	I	A	D	I	S	P	L	A	X	K	A	B	E
L	S	A	L	A	T	B	S	O	S	S	E	N	D	R	E
S	S	B	E	T	R	I	E	B	S	S	Y	S	T	E	M
I	N	G	V	E	R	L	B	I	N	D	U	N	G	S	F
E	P	H	F	L	E	D	R	M	E	L	D	U	N	D	G
A	R	B	E	I	T	S	S	P	E	I	C	H	E	R	U
B	O	E	S	R	T	C	R	A	G	U	N	G	S	U	T
R	Z	A	T	E	M	H	A	L	M	I	T	R	O	C	A
S	E	E	P	N	T	I	H	A	L	B	R	U	C	K	S
E	S	A	L	M	R	R	A	U	S	C	H	E	N	E	T
D	S	E	A	N	B	M	A	U	S	A	C	H	M	R	A
M	O	A	T	I	K	A	F	E	R	P	L	A	G	E	T
U	R	N	T	B	E	P	R	O	G	R	A	M	M	U	U
T	E	L	E	V	E	R	G	E	S	S	E	R	I	N	R

RECHNEN IM BINÄRSYSTEM

Ein Computer rechnet. Und das ist auch schon alles, was er kann.
Also braucht er Zahlen. Allerdings rechnet er nicht so wie wir mit zehn Ziffern, sondern nur mit zweien. Das sind die „0“ und die „1“. Dieses Rechensystem heißt Binärsystem.

Wenn wir auf der Tastatur Buchstaben tippen, sind das für den Computer einfach Kombinationen aus den Ziffern 1 und 0. So lässt sich das ganze Alphabet aus Nullen und Einsen darstellen.

Schau dir das System genau an. Kannst du den Code knacken und das Z als Binärcode aufschreiben? Ganz schön kniffelig, oder?

A	01000001	N	01001110
B	01000010	O	01001111
C	01000011	P	01010000
D	01000100	Q	01010001
E	01000101	R	01010010
F	01000110	S	01010011
G	01000111	T	01010100
H	01001000	U	01010101
I	01001001	V	01010110
J	01001010	W	01010111
K	01001011	X	01011000
L	01001100	Y	01011001
M	01001101	Z	

MAUSSCHLAU!

Für den Computer ist das Binärsystem deshalb so gut geeignet, weil es mit Strom zu bedienen ist. Entweder der Strom fließt oder er fließt nicht: Das sind genau zwei Möglichkeiten. So wie bei einem Lichtschalter: entweder „Licht an“ oder „Licht aus“. In einem Computer stecken viele Millionen Schalter, die entweder gerade „an“ oder „aus“ sind.

LÖSUNG

Der Buchstabe **Z** wird im Binärcode so dargestellt: **01011010**.

WARUM IST DIE BANANE KRUMM?

Mit Bananenbiegern hat das auf jeden Fall nichts zu tun.
Die Früchte biegen sich von ganz allein – ohne fremde Hilfe.

Auf diesem Bild ist nur eine Banane andersherum gebogen. Findest du sie?

MAUSSCHLAU!

Bananen sind so krumm, weil sie sich in Richtung des Lichts biegen. An einer Bananenstaude wachsen bis zu 200 Früchte in Ringen übereinander. Würden die Bananen gerade wachsen, würden die oberen Früchte den unteren das Licht zum Wachsen nehmen.

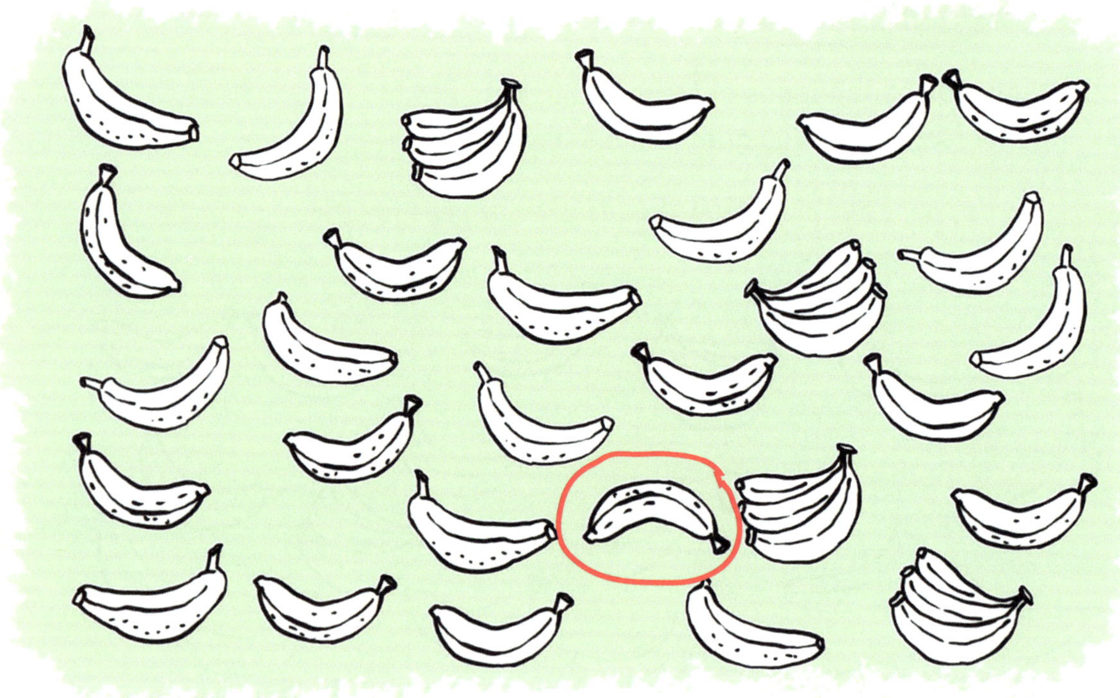

(M)AUSPROBIERT

Was macht man mit überreifen Bananen, die schon braune Stellen haben und nicht mehr so gut schmecken? Auf keinen Fall wegwerfen! Ein Bananenbrot ist schnell gebacken und so lecker wie ein süßer Kuchen.

Du brauchst:

- 120 g Butter
- 100 g braunen Zucker
- 2 Eier
- 200 g Dinkelmehl
- 1 Teelöffel Backpulver
- 1/2 Teelöffel Salz
- 2–3 reife Bananen

Außerdem:

eine Rührschüssel, eine Küchenwaage, eine zweite Schüssel, ein Handrührgerät mit Rührhaken, ein Sieb, einen Löffel, eine Kastenbackform, einen Teigschaber

So geht's:

- Heize den Backofen auf 180 °C (Umluft) vor.
- Gib die Butter zusammen mit dem Zucker in eine Rührschüssel.
- Rühre mit dem Handrührgerät so lange, bis sich der Zucker aufgelöst hat.
- Nun kommen die Eier hinzu. Rühre so lange, bis die Masse schön schaumig ist.
- Füge dann die mit einer Gabel zerdrückten reifen Bananen hinzu.
- In einer zweiten Schüssel vermengst du das Mehl mit dem Backpulver und dem Salz.
- Halte ein Sieb über die Rührschüssel und streiche die Mehlmischung mit einem Löffel durch das Sieb in die Butter-Zucker-Bananenmischung.
- Nun rührst du noch einmal kurz um, sodass der Teig gut vermischt ist.
- Mithilfe eines Teigschabers füllst du den Teig in die Backform.
- Im Backofen muss das süße Brot etwa eine Stunde backen.

Guten Appetit!

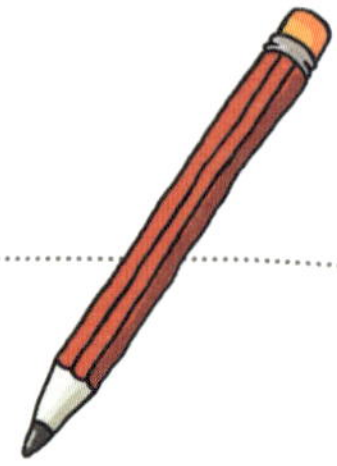

Kannst du schon etwas allein backen oder kochen?
Was bereitest du in der Küche gern zu? Schreibe es auf!

OBSTGARTEN

Bananen, Melonen und Zitronen haben oft einen weiten Weg hinter sich, bis sie bei uns im Supermarkt oder auf dem Wochenmarkt zu kaufen sind. Aber im Sommer und Herbst werden auch bei uns die Früchte reif. Welches Obst magst du am liebsten?

Die Maus hat verschiedene Früchte zu einem hübschen Muster zusammengelegt. Welcher der vier Ausschnitte passt genau in die Lücke von ihrem Muster?

A

B

C

D

LÖSUNG

Ausschnitt C ist richtig. So sieht das Muster aus:

WARUM KANN MAN SICH AN TRÄUME NICHT IMMER ERINNERN?

Manchmal wissen wir noch ganz genau, was wir geträumt haben, ein anderes Mal können wir uns an gar nichts mehr erinnern. Woran liegt das? Ob wir uns an unsere Träume erinnern, hängt davon ab, wie viel Zeit zwischen Traum und Aufwachen vergeht.

Was war dein schönster Traum?

An welchen schlimmen Traum erinnerst du dich?

Was hilft dir beim Einschlafen?

Und was beim Aufwachen?

Wo würdest du gern mal übernachten?

(M)AUSZEIT

Male die Maus so aus, wie sie dir gefällt!

TRAUM-QUIZ

Träume sind oft ganz schön wirr. Würden wir uns alle Träume merken, dann wären wir schon bald ziemlich durcheinander und könnten nicht mehr unterscheiden, was im Traum und was in der Wirklichkeit passiert ist. Forschende glauben, dass wir auch aus diesem Grund viele Träume vergessen.

Kannst du die Fragen zum Thema Schlafen und Träumen beantworten? Kreise die Buchstaben vor den richtigen Antworten ein, heraus kommt das englische Wort für Traum.

1. **Wie nennt man einen Traum, in dem man Angst und Furcht verspürt?**
   (D) Albtraum **(E)** Elbtraum **(H)** Olbtraum

2. **So kann man einen Langschläfer oder eine Langschläferin auch nennen:**
   (V) Schlafweste **(G)** Schlafsocke **(R)** Schlafmütze

3. **Das englische Wort für Schlafanzug lautet**
   (H) Piranha. **(E)** Pyjama. **(P)** Panama.

4. **Einen Menschen, der am Tag mit den Gedanken abschweift und vor sich hinträumt, bezeichnet man als**
   (S) Wolkenträumer. **(A)** Tagträumer. **(O)** Morgenträumer.

5. **„Der Mond ist aufgegangen" – wie geht das Kinderlied weiter?**
   (B) „die gold'nen Stimmen sangen" **(M)** „die gold'nen Sternlein prangen"
   (N) „die gold'nen Fische fangen"

LÖSUNGSWORT: _ _ _ _ _

LÖSUNG

DREAM

(M)AUSPROBIERT

Menschen, die abends nicht müde werden und morgens nur schwer aus den Federn kommen, nennt man Nachteulen. Eulen sind nachtaktive Vögel und können mit ihren großen Augen auch in der Dunkelheit gut sehen. Hast du Lust, eine Nachteule für dein Zimmer zu basteln?

Du brauchst:

- farbigen Tonkarton
- weißes und schwarzes Tonpapier
- eine Schere, einen Klebestift
- einen Zirkel (oder einen Teller und eine Tasse)
- einen Bleistift
- gepresste Blätter (im Herbst sind sie besonders schön)

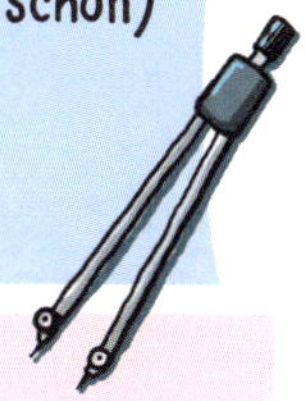

So geht's:

- Zeichne mit dem Zirkel einen großen Kreis auf den Tonkarton. Wenn du keinen Zirkel hast, zeichnest du den Umriss eines umgedrehten Tellers auf den Karton. Schneide den Kreis aus.
- Für die Augen zeichnest du zwei gleich große Kreise auf das weiße Papier und zwei etwas größere Kreise auf das schwarze Tonpapier. Auch hier kann dir ein Zirkel helfen – oder eine Tasse. Schneide die Kreise aus.
- Die Pupillen werden aus schwarzem Tonpapier ausgeschnitten oder mit einem schwarzen Stift aufgemalt.
- Klebe nun die Pupillen auf die Augen und die Augen auf den großen runden Eulenkörper.
- Nun fehlen noch die Flügel, die Ohren und die Füße: Suche dir passende Blätter aus und klebe sie auf den Eulenkörper. Die größten Blätter nimmst du für die Flügel, kleinere für Ohren und Füße.

Viel Spaß!

MAUSSCHLAU!

Gehörst du auch zu den Nachteulen oder bist du eher eine Lerche? Nach diesem Singvogel sind die Frühaufsteher benannt, die morgens frisch und fröhlich aufwachen und abends schnell müde werden.

(M)AUSZEIT

Die große Eule sitzt auf dem Ast und wartet auf ihre Eulenkinder.
Wie sehen sie aus? Zeichne sie dazu!

NICHT EINSCHLAFEN!

Alle Mäuse sind wach – nur eine Maus ist müde geworden und schließt die Augen. Findest du sie?

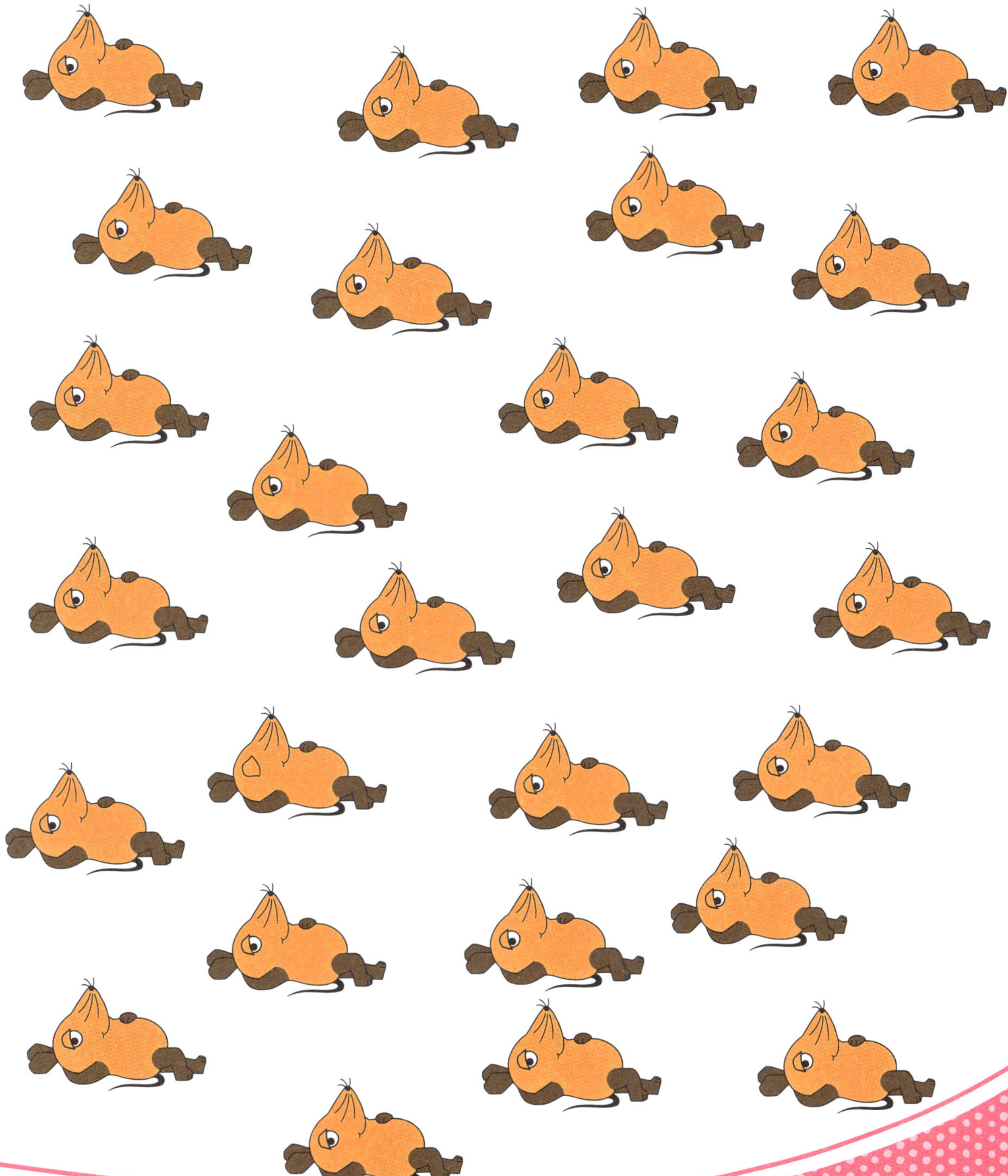

LÖSUNG

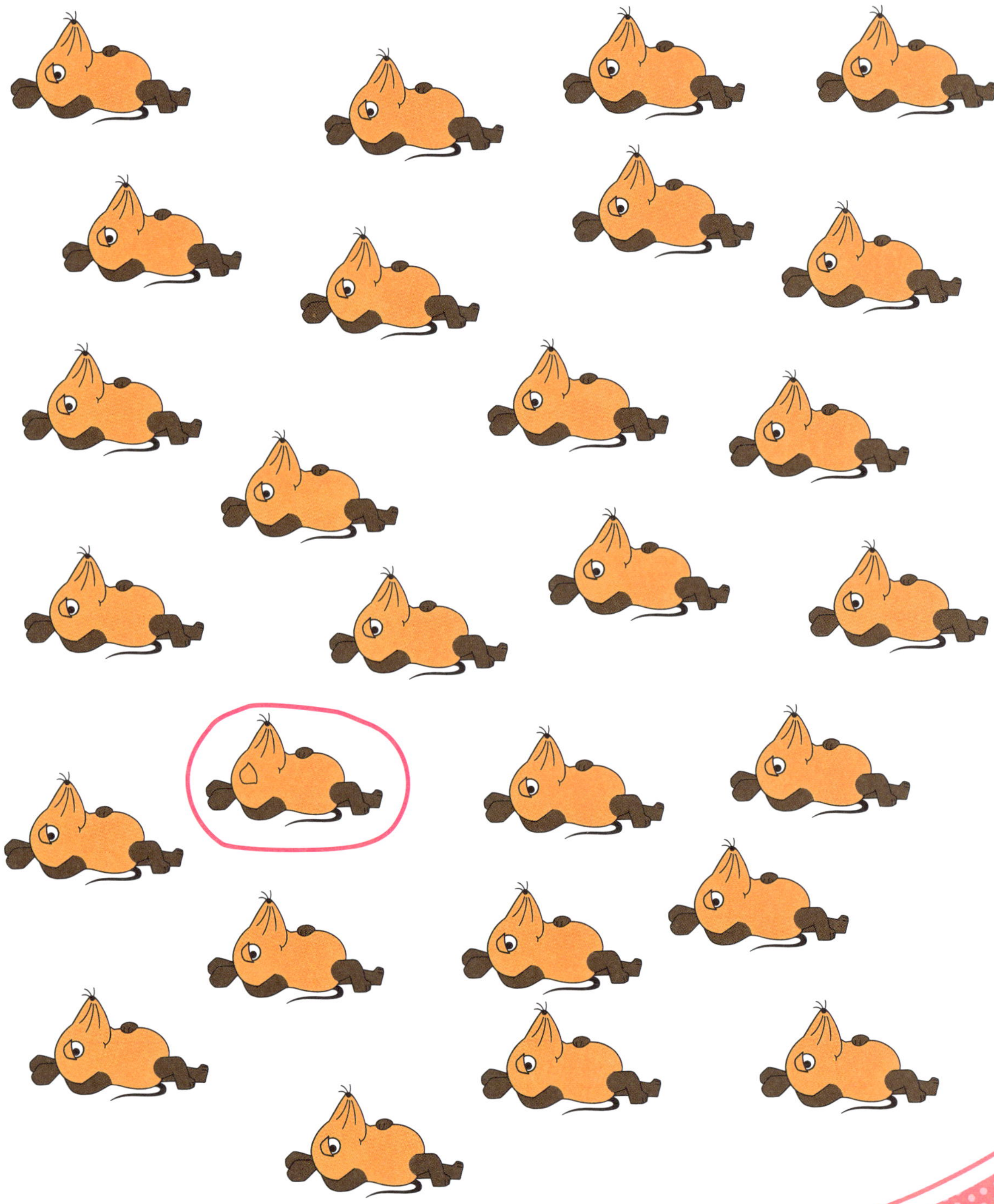

WIE KOMMT DER STROM IN DEN ELEKTRISCHEN AAL?

Der Zitteraal ist wirklich ein erstaunliches Tier. Das Rätsel verrät dir schon ein paar wichtige Fakten. Noch mehr über den Zitteraal gibt es auf der Rückseite zu lesen.

Hier sind Aussagen über den Zitteraal gesammelt – was ist wahr, was ist gelogen? Wenn du die Silben hinter den richtigen Sätzen zusammensetzt, entsteht ein Lösungswort.

			richtig	falsch
1	Der Zitteraal ist ein Fisch.	E		
2	Sein Körper ist dick und gedrungen.	A		
3	Der Strom im Aal kommt aus einer Steckdose.	LAK		
4	Der Zitteraal produziert den Strom selbst.	LEK		
5	Sein Körper besteht aus vielen elektrischen Organen.	TRI		
6	Der Zitteraal kann mehr Strom als eine Taschenlampenbatterie erzeugen.	ZI		
7	Den Strom braucht der Aal, um damit die Unterwasserwelt zu beleuchten.	GET		
8	Mit Stromschlägen verteidigt sich der Zitteraal gegen seine Feinde.	TÄT		

LÖSUNGSWORT:

LÖSUNG

			richtig	falsch
1	Der Zitteraal ist ein Fisch.	E	X	
2	Sein Körper ist dick und gedrungen.	A		X
3	Der Strom im Aal kommt aus einer Steckdose.	LAK		X
4	Der Zitteraal produziert den Strom selbst.	LEK	X	
5	Sein Körper besteht aus vielen elektrischen Organen.	TRI	X	
6	Der Zitteraal kann mehr Strom als eine Taschenlampenbatterie erzeugen.	ZI	X	
7	Den Strom braucht der Aal, um damit die Unterwasserwelt zu beleuchten.	GET		X
8	Mit Stromschlägen verteidigt sich der Zitteraal gegen seine Feinde.	TÄT	X	

E	L	E	K	T	R	I	Z	I	T	Ä	T

MAUSSCHLAU!

Der Zitteraal hat viele elektrische Organe, die aus flachen Scheiben bestehen. Von solchen Scheiben liegen beim Zitteraal viele Tausend hintereinander – und so wird die elektrische Spannung aus jeder einzelnen Scheibe addiert. Das ist so, als würde man ganz viele Batterien miteinander verbinden.

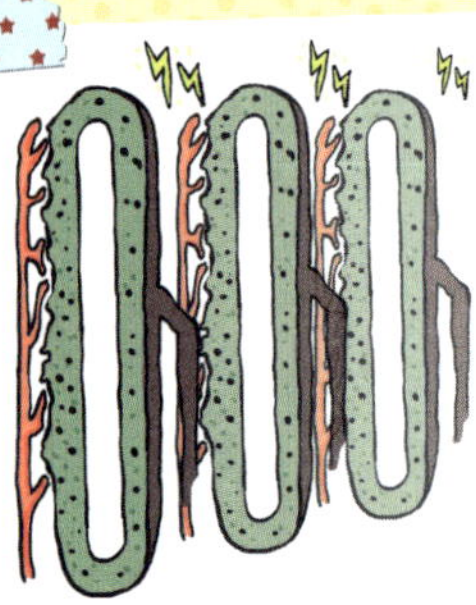

ZITTERAAL & CO.

Neben dem Zitteraal gibt es noch weitere Fische, die über elektrische Organe verfügen und somit in ihrem Körper elektrische Spannung herstellen. So zum Beispiel der Zitterwels und der Zitterrochen.

Löse das Rätsel und erfahre, wie das elektrische Organ dieser Fische genannt wird. Schreibe einfach den Anfangsbuchstaben der Bilder zu den passenden Nummern im Lösungsfeld.

1	2	3	4	5	6	7	8	9	10	11

LÖSUNGSWORT:

LÖSUNG

1 **E**sel

2 **L**ampe

3 **E**lefant

4 **K**iste

5 **T**isch

6 **R**adio

7 **O**fen

8 **P**ullover

9 **L**upe

10 **A**mpel

11 **X**ylophon

ELEKTROPLAX

WARUM DREHT SICH DIE ERDE?

Dazu ein kleiner Ausflug in die Vergangenheit: Als die Erde vor 4,5 Milliarden Jahren entstand, zog sie wegen der Anziehungskraft viele Gesteinsbrocken und Staubklumpen aus dem All an. Immer wenn kleinere oder größere Teilchen die entstehende Erde trafen, gaben sie ihr ein bisschen Schwung. So bekam die Erde ihren Drehimpuls, der bis heute anhält.

Wo ist was? Ordne die Begriffe mit Pfeilen den entsprechenden Stellen der Weltkugel zu.

SÜDAMERIKA
NORDAMERIKA
NORDPOL
ÄQUATOR
AFRIKA
ATLANTIK
EUROPA
SÜDPOL

MAUSSCHLAU!

Da es im All kaum Widerstand oder Reibung gibt, wird die Drehung der Erde nicht gebremst. Sie dreht sich also immer weiter – auch ohne dass ständig neue Brocken auf der Erde landen und ihr „Anschwung“ geben.

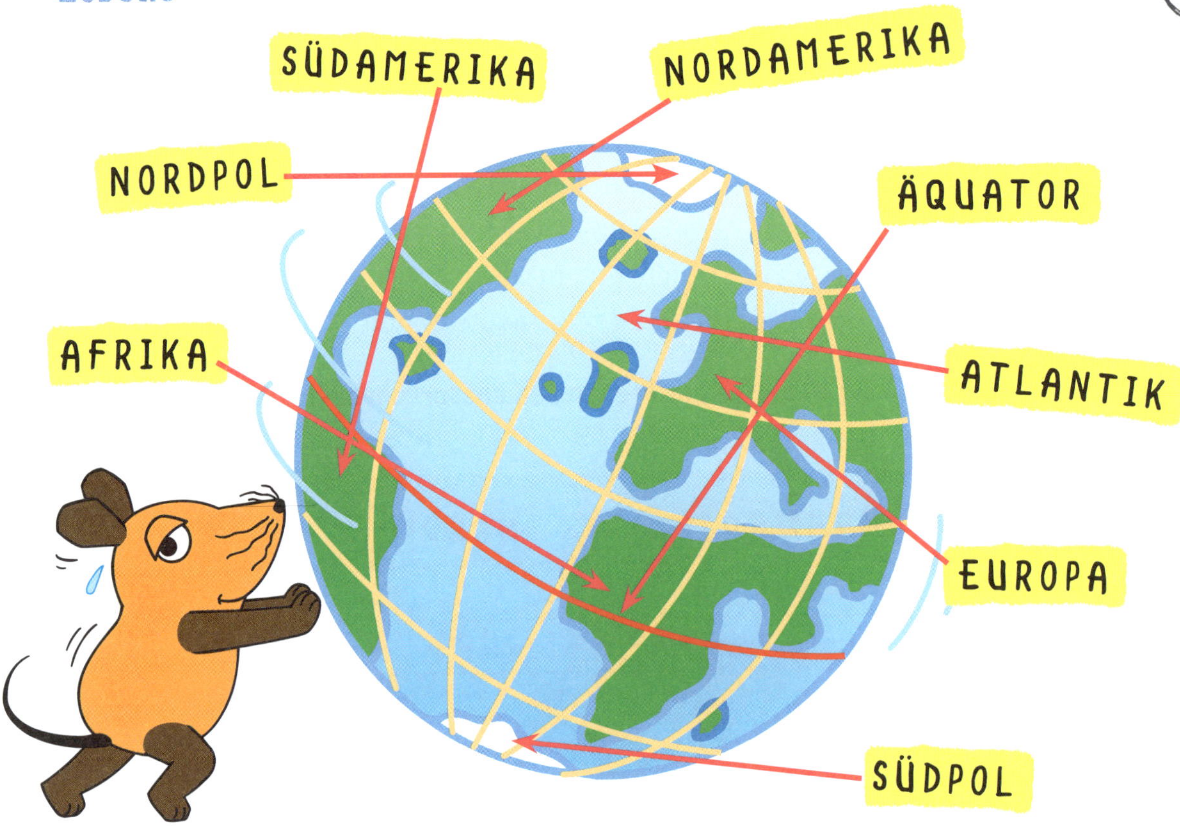
SÜDAMERIKA
NORDAMERIKA
NORDPOL
ÄQUATOR
AFRIKA
ATLANTIK
EUROPA
SÜDPOL

WARUM IST DIE ERDE RUND?!

Bei ihrer Entstehung war die Erde glühend heiß und flüssig – und ihre Masse daher formbar. Die runde Form bildete sich wegen der Anziehungskraft: Jeder Körper besitzt sie – und je größer der Körper, desto stärker die Kraft. Die Erde war ein großer Körper und zog alle Staubteilchen und Gesteinsbrocken an, die in der Nähe waren – und wenn viele Teile zu einem Punkt in der Mitte gezogen werden, entsteht eine Kugel.

Nicht nur die Erde, auch die anderen Planeten sind rund. Suche sie im Buchstabengitter und kreise sie ein.

SATURN · NEPTUN · VENUS · URANUS · MERKUR · JUPITER · MARS

G	J	A	N	E	P	T	U	N
L	U	R	A	N	U	S	A	X
I	P	S	C	H	W	A	E	I
N	I	E	I	M	W	T	E	M
L	T	T	A	L	L	U	S	A
M	E	R	K	U	R	R	P	R
A	R	C	E	V	E	N	U	S
K	A	G	E	L	B	L	O	T

LÖSUNG

G	J	A	N	E	P	T	U	N
L	U	R	A	N	U	S	A	X
I	P	S	C	H	W	A	E	I
N	I	E	I	M	W	T	E	M
L	T	T	A	L	L	U	S	A
M	E	R	K	U	R	R	P	R
A	R	C	E	V	E	N	U	S
K	A	G	E	L	B	L	O	T

DIE ERDE IST EINE KUGEL

Für uns ist heute völlig klar: Die Erde ist rund. Doch lange Zeit hielten die Menschen die Erde für eine Scheibe.
Seefahrer hatten sogar Angst davor, mit ihren Schiffen ans Ende der Welt zu kommen und am Rand des Meeres ins Nichts zu stürzen. Erst als neue Kontinente entdeckt wurden, verstanden die Menschen, dass die Erde die Form einer Kugel haben muss.

Male den Globus so an, wie er dir gefällt. Und markiere doch mal ungefähr, wo du wohnst.

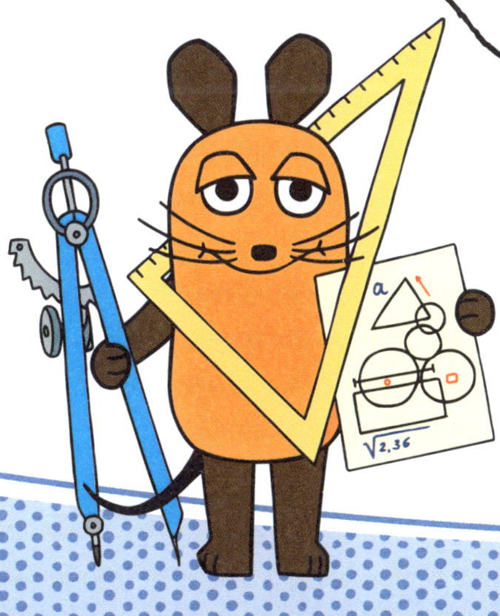

MAUSSCHLAU!

Den ersten Globus ließ ein Kaufmann aus Nürnberg im Jahre 1492 herstellen. Das war genau das Jahr, in dem Christoph Kolumbus mit seinen Schiffen Amerika erreichte. Auf dem Globus ist dieser Kontinent noch nicht eingezeichnet.

(M)AUSZEIT

Male die Maus so aus, wie sie dir gefällt!

(M)AUSPROBIERT

Warum bleibt die Erde auf ihrer Umlaufbahn? Um die Antwort auf diese Frage zu verstehen, muss man wissen, was Fliehkraft bedeutet. Das kannst du in einem einfachen Experiment selbst ausprobieren. Aber Vorsicht: Bitte nicht drinnen versuchen!

Du brauchst:

- einen Eimer
- Wasser

So geht's:

Fülle einen kleinen Eimer mit ein bisschen Wasser und gehe nach draußen. Stelle dich etwas breitbeinig hin und beginne, den Eimer mit einer Hand hin- und herzuschwingen. Du schwingst den Eimer immer höher, bis du ihn am ausgestreckten Arm möglichst schnell im Kreis schleuderst.

Warum läuft das Wasser nicht aus dem Eimer? Eigentlich rinnt Wasser nach unten, es wird von der **Schwerkraft** angezogen. Beim schnellen Kreisen mit dem Eimer wirkt eine zusätzliche Kraft, die stärker ist als die Schwerkraft: die **Fliehkraft**. Die Fliehkraft zieht das Wasser nach außen und drückst es an den Boden des Eimers, es läuft daher nicht aus.

MAUSSCHLAU!

Im Weltraum halten die Fliehkraft und die Anziehungskraft (auch Schwerkraft genannt) alles in Bewegung. Je größer ein Körper ist, umso größer ist seine Anziehungskraft. Deshalb umkreisen Himmelskörper einander. Weil aber gleichzeitig die Fliehkraft wirkt, bleiben die Planeten auf ihren Umlaufbahnen.

(M)AUSZEIT

Auch beim Kettenkarussell wirkt die Fliehkraft – hier siehst du:
Die Maus fliegt nach außen! Male das Bild an.

WARUM HABEN HASEN SO LANGE OHREN?

Mit den langen Ohren kann der Hase nicht nur gut hören, sondern auch überschüssige Wärme abgeben. So bleibt der Hase auch im Sommer echt cool.

So viele Kaninchen und Hasen hoppeln über die Wiese. Zähl doch mal nach, wie viele Hasen sind es? Und wie viele Kaninchen entdeckst du? Male die kleinen Hoppler so an, wie sie dir gefallen.

Hasen ______ Kaninchen ______

Und welches Tier hat sich in dem Getümmel noch versteckt?

____

MAUSSCHLAU!

Kaninchen brauchen nicht so große Ohren, sie ziehen sich bei Hitze einfach in ihren Bau zurück.

LÖSUNG

11 Hasen und 8 Kaninchen sind es.

Dazwischen hat sich noch ein **Meerschweinchen** versteckt.

(M)AUSZEIT

Zu Ostern bemalt die Maus natürlich Eier.
Für jedes Ei bastelt sie noch ein Ohrenpaar – fertig sind die Häschen.
Zeichne den Eiern lustige Hasengesichter und lange Lauscher.

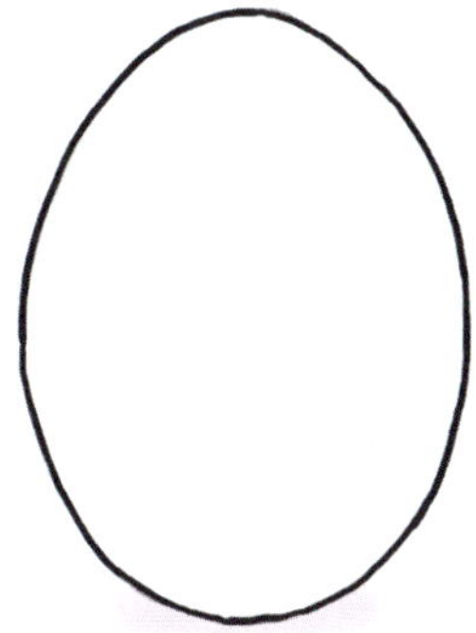

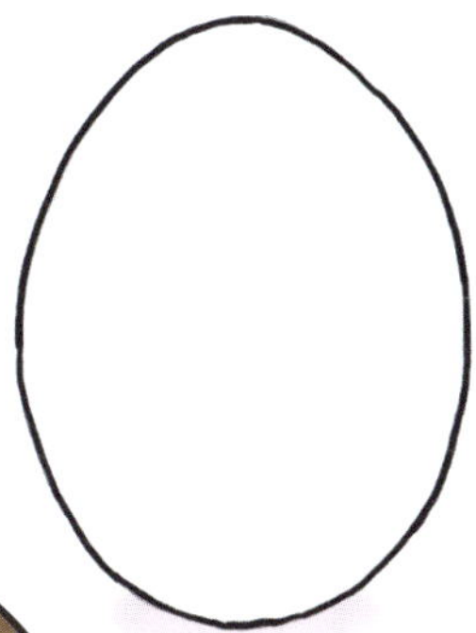

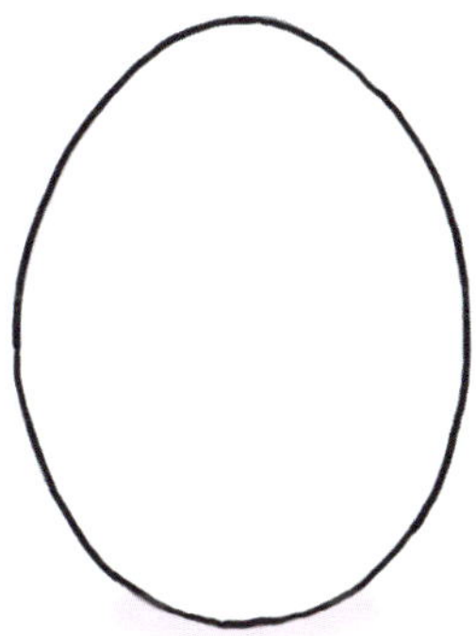

GROSSE LAUSCHER

Der Hase gibt über seine langen Ohren Wärme ab. Auch andere Tierarten benutzen ihre großen Ohren, um ihre Körpertemperatur zu regulieren und nicht zu überhitzen.

Besonders in tropischen und wüstenartigen Gebieten trifft man viele solcher Großohren. Kennst du die Tiere? Ordne die Namen den passenden Zeichnungen zu.

RIESENOHR-SPRINGMAUS

AFRIKANISCHER ELEFANT

GEFLECKTE FLEDERMAUS

LÖFFELHUND

WÜSTENFUCHS (FENNEK)

MAUSSCHLAU!

In der Wüste haben viele Tiere große Ohren. Ihre Verwandten in kälteren Regionen brauchen nicht so viel Wärme abzugeben, deshalb haben Polarfüchse, Haselmäuse oder Schneehasen eher kleine Ohren.

RIESENOHR-
SPRINGMAUS
AFRIKANISCHER
ELEFANT
GEFLECKTE
FLEDERMAUS
LÖFFELHUND
WÜSTENFUCHS
(FENNEK)

KALIFORNISCHER ESELHASE

Wie sein Name schon sagt, ähnelt der in Kalifornien lebende Hase einem Esel. Denn auch Esel haben im Vergleich zu ihrem Kopf große und lange Ohren. Der **KALIFORNISCHE ESELHASE** ist der größte unter den Hasen. Seine Ohren sind 10–13 Zentimeter lang.

Versuche, aus den Buchstaben seines Namens möglichst viele Wörter zu bilden.

MAUSSCHLAU!

Die großen Ohren dienen auch diesem Hasen zum Kühlen der Körpertemperatur. Denn in den Steppen und Halbwüsten im Westen der USA kann es sehr heiß werden.

LÖSUNG

ESEL – SEE – HASE – HASEL – EI – EIS – ER – SIE – ALLE – HAI – FEE – KAHL – FEIN – NEIN – SCHNEE – NEE – SCHON – KAI – REH – NISCHE – KALIF – ALLEIN – HIER – INSEL – SEIFE

Hast du noch mehr Wörter gefunden? Welche?

WARUM REGNET ES?

Das Wasser aus Seen, Flüssen und dem Meer verdunstet durch die Wärme der Sonne. Es bildet sich Wasserdampf, der nach oben in den Himmel steigt. Dort ist es kühl, der Dampf hält sich an Staubteilchen fest, er kondensiert und wird zu Tropfen. In der Kälte gefrieren diese Tropfen zu Eiskristallen, die schwer werden und hinabfallen. Auf dem Weg zur Erde tauen sie wieder auf – sie werden zu Regentropfen!

Sortiere die Regentropfen von klein nach groß und bringe so die Buchstaben in die richtige Reihenfolge. Als Lösungswort erhältst du den wissenschaftlichen Namen für eine Regenwolke.

LÖSUNGSWORT:

						N	I	M	B	U	S	W	O	L	K	E	N

MAUSSCHLAU!

Schönwetterwolken schweben etwa einen bis zwei Kilometer über der Erde. Schäfchenwolken befinden sich zwischen zwei und sechs Kilometern. Regenwolken sind richtig hohe Wolken, sie reichen von einem Kilometer über dem Boden bis in zwölf Kilometer Höhe!

LÖSUNG

Cumulonimbuswolken werden die Wolken genannt, die von einem Kilometer über dem Boden bis zu zwölf Kilometer in die Höhe reichen. In zehn Kilometern Höhe herrscht eine Temperatur von bis zu −50 °C.

(M)AUSPROBIERT

Wie Regen entsteht, kann man in einem einfachen Experiment sehen.
Denn du kannst es ganz einfach in der Küche regnen lassen.
Mit einem Kochtopf – und zur Sicherheit – mit deinen Eltern!

Du brauchst:

- einen Kochtopf mit einem Glasdeckel
- Wasser
- einen Herd und deine Eltern

So geht's:

Fülle den Topf zur Hälfte mit Wasser, Deckel drauf und ab auf den Herd. Stelle die Kochplatte auf die höchste Stufe. Dann heißt es: abwarten.

Nach einer Weile bildet sich Wasserdampf. Der Dampf nimmt zu und steigt immer höher, bis zum Topfdeckel. Und dort bilden sich Wassertropfen! Die Tropfen fallen irgendwann wieder herunter in den Topf. Und so ist hier genau das passiert, was draußen geschieht: Es regnet! Und nun: Experiment beendet – **Herdplatte ausschalten!!!**

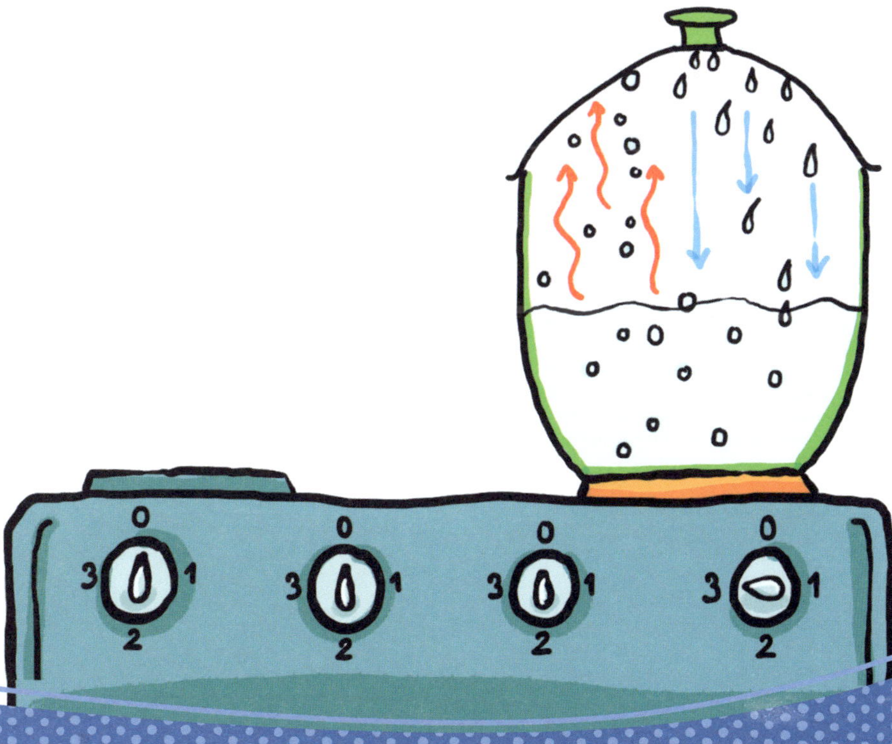

(M)AUSZEIT

Lila Wolken, strahlend blauer Himmel, ein roter Sonnenball am Abendhimmel ...? Wie magst du den Himmel am liebsten? Male hier den Himmel so, wie er dir am besten gefällt.

BAUERNREGELN

Diese Reime geben Auskunft über das Wetter und die Auswirkungen auf das weitere Jahr. Ob das alles so stimmt? Du kannst es ja mal beobachten.

Über den Regen findet man besonders viele Sprüche:

- Hat der **Januar** viel Regen,
  bringt's den Früchten keinen Segen.
- Ist der **Februar** trocken und kalt,
  kommt im **März** die Hitze bald.
- Ein feuchter **März** ist des Bauern Schmerz.
- Hat der **April** mehr Regen als Sonnenschein,
  so wird's im **Juni** trocken sein.
- Wenn's im **Mai** viel regnet, ist das Jahr gesegnet.
- Wenn kalt und nass der **Juni** war, verdirbt er meist das ganze Jahr.

Nun lass ab Juli die Sonne scheinen und denke dir selbst ein paar Bauernregeln für den Rest des Jahres aus – am liebsten in Reimform!

JULI · AUGUST · SEPTEMBER · OKTOBER · NOVEMBER · DEZEMBER

Scheint im Juli sehr die Sonne, ...

(M)AUSZEIT

Draußen zu spielen macht immer Spaß.
Nicht nur bei Sonnenschein, sondern auch bei Regen.
Zieh den Kindern die richtige Kleidung an, damit sie durch Pfützen springen können und dabei nicht nass werden.

Die Kinder brauchen:

Regenhose – Regenstiefel – Regenmantel – Regenhut – Regenschirm,

WIE KOMMEN DIE LÖCHER IN DEN KÄSE?

Das liegt an den Bakterien, die der Milch bei der Käseherstellung beigemischt werden. Die Bakterien ernähren sich vom Milchzucker. Wenn sie ihn verdauen, dann entsteht das Gas Kohlendioxid. Und das wiederum macht die Löcher in den Käse!

Weißt du, wie der Käse heißt, der die meisten Löcher hat? Jede Zahl steht für ihre Position im Alphabet, also 1 = A, 2 = B und so weiter. Tausche die Zahlen gegen die entsprechenden Buchstaben und schreibe den Namen auf.

5	13	13	5	14	20	1	12	5	18

LÖSUNGSWORT:

LÖSUNG

Der Käse heißt **Emmentaler**.

5	13	13	5	14	20	1	12	5	18
E	M	M	E	N	T	A	L	E	R

(M)AUSZEIT

Dieses Spiel heißt Käsekästchen. Ihr spielt zu zweit und braucht zwei verschiedenfarbige Stifte.

So geht's:

Ein Spieler beginnt und verstärkt mit einem farbigen Stift eine Linie auf dem Karopapier. Nun ist der nächste Spieler an der Reihe, auch er setzt mit einer anderen Farbe einen Strich. Ob genau daneben oder irgendwo anders auf dem Papier, ist ganz egal. Es geht darum, seine Striche so zu setzen, dass man möglichst viele Kästchen erobert. Ein Kästchen könnt ihr erobern, indem ihr die vierte Seitenlinie eines Kästchens schließt. Dann markiert ihr das Kästchen mit eurem Zeichen, einem Kreis oder einem Kreuz.

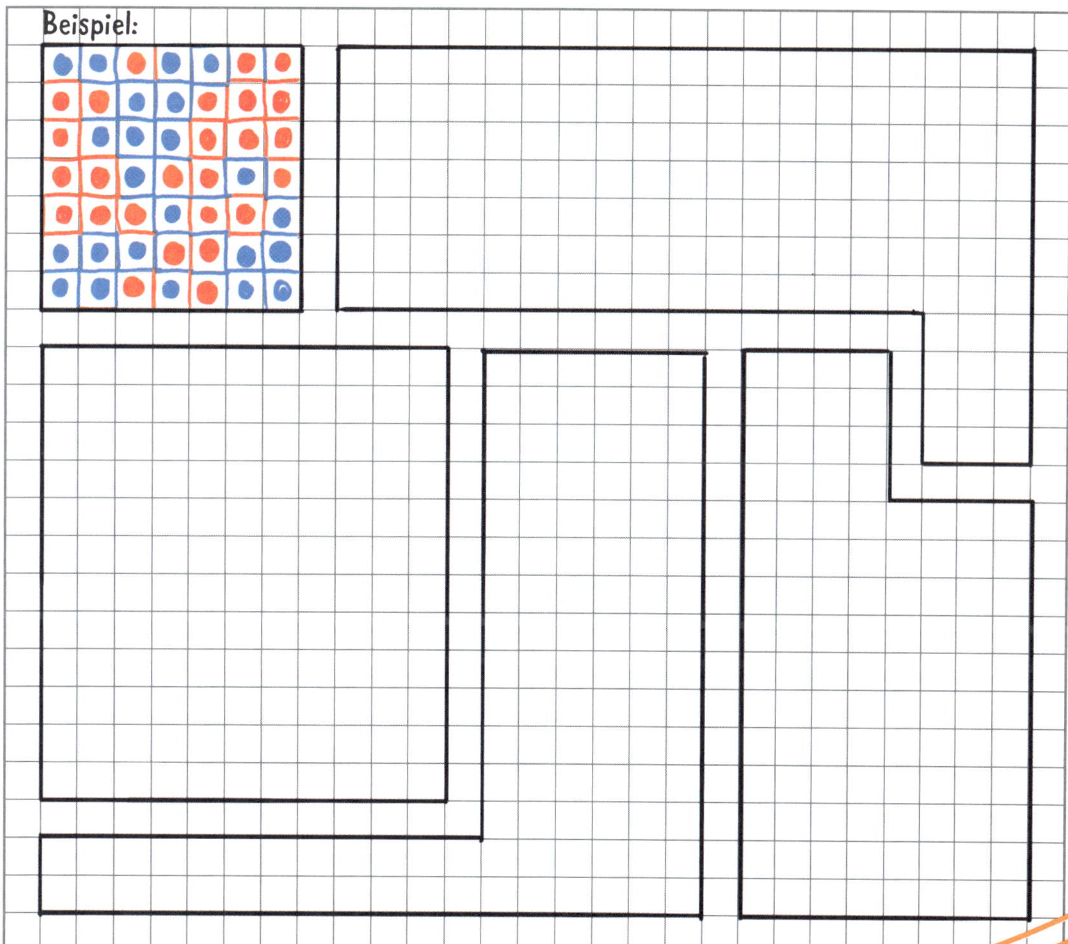

Noch eine Runde Käsekästchen?
Los geht's!

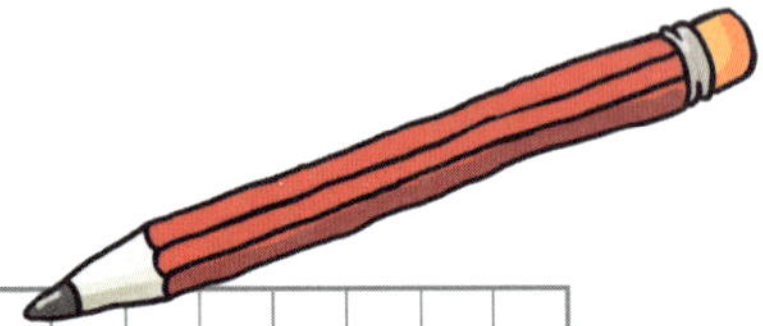

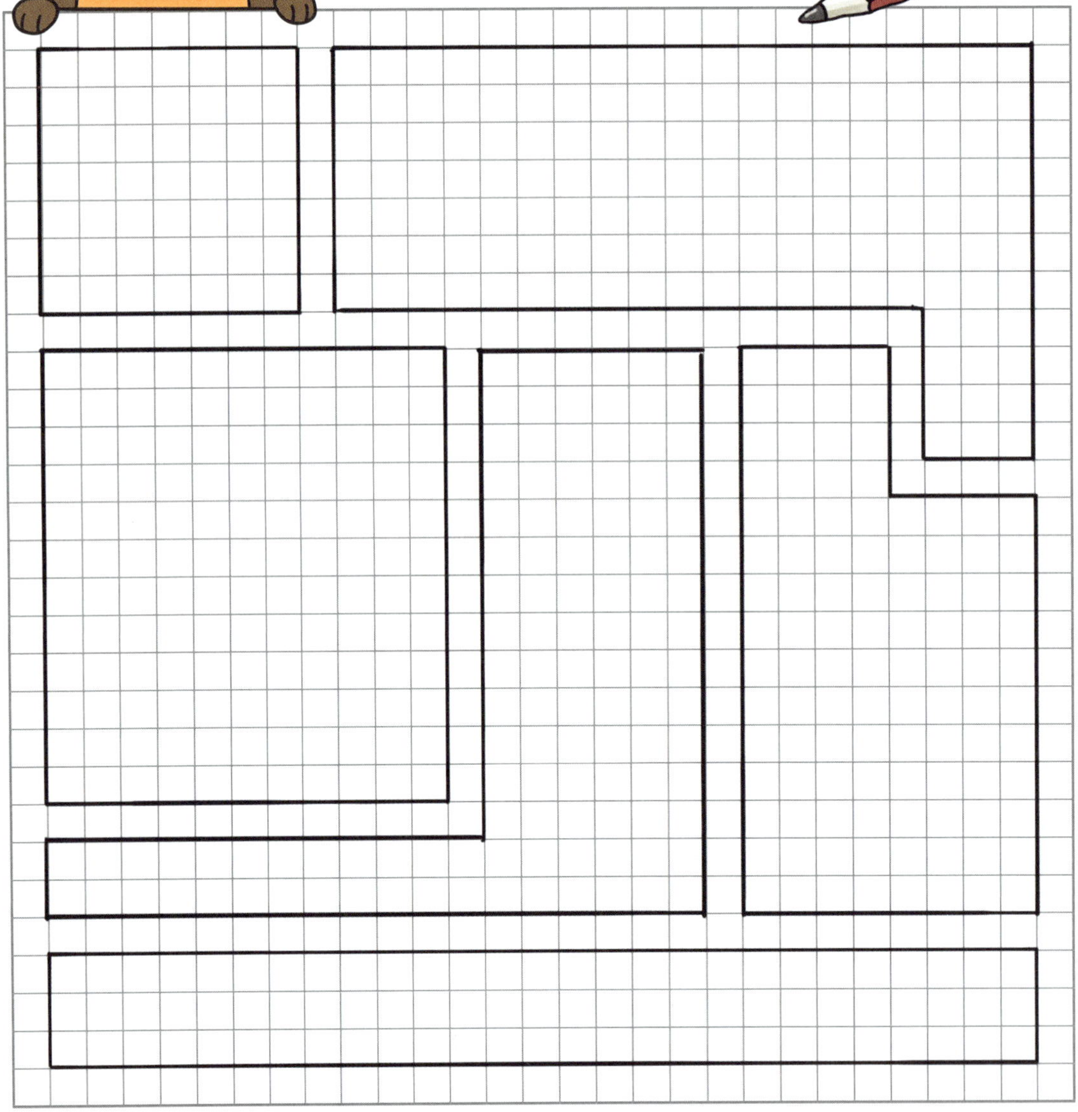

ALLES KÄSE!

Die Schweizer sind berühmt für ihren Käse. Stell dir vor, zur Zeit werden in der Schweiz etwa 450 verschiedene Käsesorten hergestellt! Aber auch die Franzosen sind echte Käseliebhaber, genauso wie die Italiener oder Niederländer. Und natürlich gibt es auch im Norden Europas Käse – aus Dänemark zum Beispiel den Havarti-Schnittkäse mit kleinen Löchern.

In diesem Kreuzworträtsel ist Platz für zehn verschiedene Käsesorten. Welcher Name gehört wohin?

~~APPENZELLER~~

BRIE

TILSITER

CAMEMBERT

HAVARTI

EDAMER

GOUDA

GORGONZOLA

MOZZARELLA

MAASDAMER

LÖSUNG

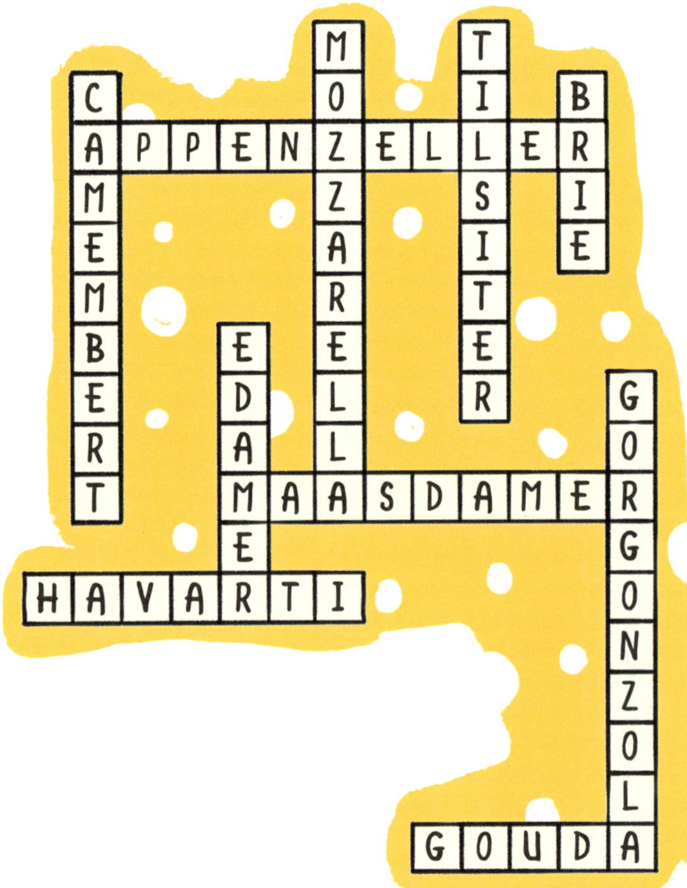

CAMEMBERT
APPENZELLER
MOZZARELLA
TILSITER
BRIE
EDAMER
MAASDAMER
GORGONZOLA
HAVARTI
GOUDA

MUSS MAN VON WEINGUMMI WEINEN?!

Oder steckt da etwa Wein drin? Der Name „Weingummi“ kommt von der Weinsäure, die in den Süßigkeiten steckt. Und die kommt aus Weintrauben. Weinsäure macht den Weingummi länger haltbar und unterscheidet ihn von Fruchtgummis, in denen keine Weinsäure, sondern Fruchtsäure steckt. Und keine Sorge: Alkohol ist in Weingummis nicht drin!

Bring die Buchstaben auf diesen Trauben in die richtige Reihenfolge und erfahre, in welchen europäischen Ländern viel Wein angebaut wird. Der Anfangsbuchstabe ist jeweils groß geschrieben.

LÖSUNG

1. Frankreich
2. Spanien
3. Italien

(M)AUSZEIT

Welche Weingummis magst du am liebsten, die roten, die orangefarbenen oder die grünen?
Male die Weingummis in diesem Bonbonglas schön bunt an.

MAUSSCHLAU!

Weingummis wurden in England erfunden, dort heißen sie „winegums". Auf den Gummis waren ursprünglich die Namen von Weinsorten zu lesen wie Bordeaux, Champagne oder Port.

(M)AUSZEIT

Male die Maus so aus, wie sie dir gefällt!

WARUM KÖNNEN SCHIFFE SCHWIMMEN?

Ob etwas schwimmt, hängt von seiner Dichte ab.
Ein Stein zum Beispiel hat eine große Dichte – er ist schwer und hat ein kleines Volumen. Ein großes Stahlschiff ist auch schwer, es hat aber auch ein großes Volumen. Das heißt, der Schiffskörper umschließt viel Luft. Je größer das Gewicht ist, umso größer muss das Volumen sein. Auch Wasser hat eine Dichte. Und alles, was eine geringere Dichte als Wasser hat, wird getragen!

Das größte Kreuzfahrtschiff der Welt heißt **The Wonder Of The Seas.** Finde heraus, wie lang das Schiff ist, indem du die Aufgaben ausrechnest und die Ergebnisse zusammenzählst.

LÖSUNGSWORT: ____ + ____ + ____ + ____ + ____ = ____

LÖSUNG

30 + 32 + 150 + 100 + 50 = 362 Meter ist das Schiff lang.

WASSERFAHRZEUGE

Auf dem Meer herrscht viel Verkehr. Nicht nur Schiffe sind da unterwegs, sondern auch viele andere Wasserfahrzeuge.

Wie heißen die Wasserfahrzeuge? Beschrifte sie mit den richtigen Namen.

SEGELBOOT · YACHT · U-BOOT · KAJAK · FLOSS · KREUZFAHRTSCHIFF · SCHLAUCHBOOT

WONDER OF THE SEAS
SEGELBOOT
KREUZFAHRTSCHIFF
SCHLAUCHBOOT
YACHT
KAJAK
U-BOOT
FLOSS

(M)AUSPROBIERT

Ob etwas schwimmt oder untergeht, kannst du mit diesem kleinen Experiment selbst herausfinden. Viel Spaß!

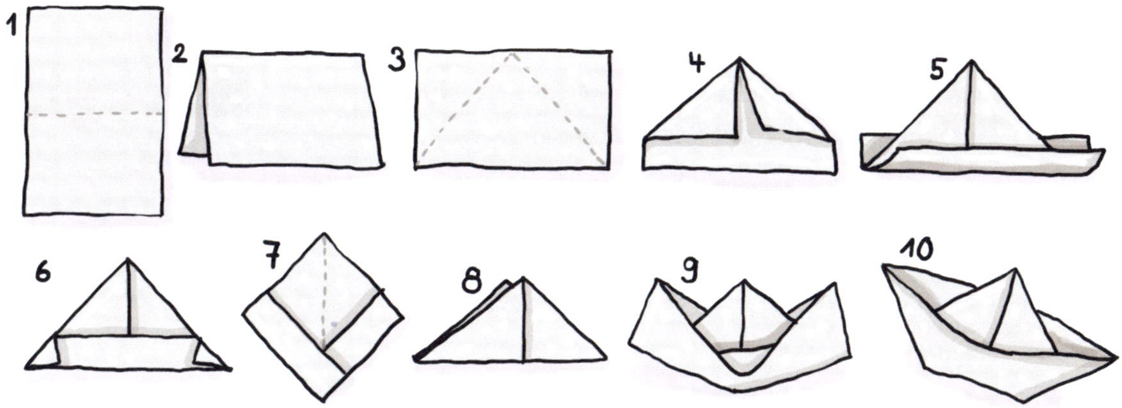

Du brauchst:

- ein Stück Alufolie
- eine Küchenwaage
- eine mit Wasser gefüllte Schüssel

So geht's:

Nimm ein Stück Alufolie und schau, dass es ungefähr 4 Gramm wiegt. Falte daraus ein Schiffchen und setzte es vorsichtig auf das Wasser. Es schwimmt!
Knülle dann die Folie zusammen und setze sie wieder aufs Wasser.

Was passiert? Die Kugel geht unter. Sie ist so stark zusammengeknüllt, dass weniger Platz für Luft ist. Alles ist viel dichter. Ob etwas schwimmt, hängt also von seiner **Dichte** ab.

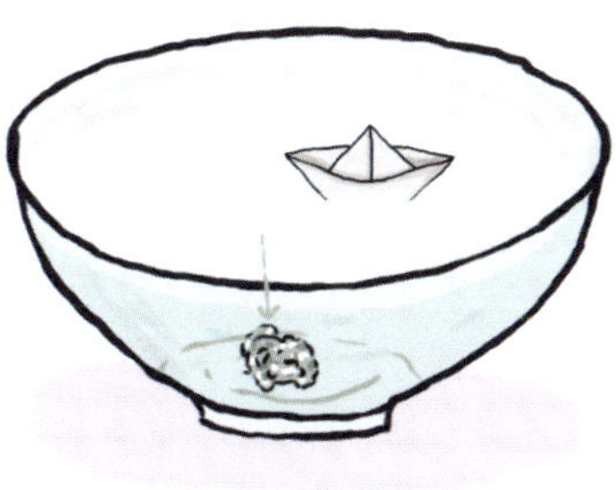

SCHIFFE VERSENKEN

Dieses Spiel spielt ihr zu zweit. Schneidet die Seite entlang der gestrichelten Linien durch. Nun habt ihr beide zwei Quadrate. Zeichnet jeweils in euer erstes Quadrat 10 Schiffe. Aber geheim! Die Schiffe dürfen dabei nicht über Eck oder diagonal gesetzt werden.

Jetzt wird abwechselnd gezielt: Der eine sagt z. B. „F2" oder „B6". Die andere antwortet dann entweder mit „Treffer!" oder „Wasser!" – je nachdem, ob auf dem Feld ein Schiff ist oder nicht. Die Antworten tragt ihr jeweils in euer zweites, leeres Quadrat ein. Treffer kennzeichnet ihr mit einem Kreis, Fehlversuche mit einem Kreuz. Wenn ein Schiff vollständig getroffen wurde, heißt es „Versenkt!".

Wer zuerst alle gegnerischen Schiffe versenkt, gewinnt das Spiel.

1 Kreuzfahrtschiff (4 Kästchen)
2 Fähren (je 3 Kästchen)
3 Segelboote (je 2 Kästchen)
4 Ruderboote (je 1 Kästchen)

	A	B	C	D	E	F	G	H	I	J
1										
2										
3										
4										
5										
6										
7										
8										
9										
10										

	A	B	C	D	E	F	G	H	I	J
1										
2										
3										
4										
5										
6										
7										
8										
9										
10										

	A	B	C	D	E	F	G	H	I	J
1										
2										
3										
4										
5										
6										
7										
8										
9										
10										

	A	B	C	D	E	F	G	H	I	J
1										
2										
3										
4										
5										
6										
7										
8										
9										
10										

WIE SCHNURREN KATZEN?!

Beim Ein- und Ausatmen sind die Stimmbänder im Kehlkopf der Katze entspannt. Über diese lockeren Stimmbänder streicht die Atemluft und bringt sie zum Vibrieren. Die Bänder bewegen sich also schnell hin und her. Durch das Vibrieren wird die Luft im Kehlkopf zum Schwingen gebracht. So entstehen Schallwellen, die wir als Schnurrgeräusch hören.

Natürlich schnurren nicht nur Hauskatzen. Schreibe die Namen dieser vier Raubkatzen auf, indem du die Buchstaben in die richtige Reihenfolge bringst.

MAUSSCHLAU!

Der normale Atemrhythmus einer Katze besteht aus 24 Atemzügen in einer Minute. Wenn sie allerdings schnurrt, kommt die Katze auf 46 Atemzüge pro Minute, sie atmet dann also wesentlich schneller und flacher.

T I G E R

L Ö W E

J A G U A R

L E O P A R D

BAUERNHOFKATZEN

Auf fast jedem Bauernhof leben Katzen. Allein schon wegen der vielen Mäuse, die es dort zu jagen gibt.

Wie viele Mäuse verstecken sich in dieser Scheune?
Schätze zuerst die Anzahl und schreibe sie auf.
Dann zähle nach, wie viele es wirklich sind.

Zeichne noch die Katze dazu. Wie sieht sie aus?
Schwarz mit weißen Pfoten, gelb getigert oder ganz grau?

LÖSUNG

Es sind 13 Mäuse.

KATZENKORB UND HUNDELEINE

Welche Wörter fallen dir noch ein, die mit „Katzen-“ beginnen?
Und welche Wörter lassen sich noch mit dem Anfang „Hunde-“ bilden?

Schreibe deine Ideen auf und male dein Lieblingswort mit ins Bild.

KATZEN-

korb

HUNDE-

leine

LÖSUNG

Mögliche Begriffe können sein:

Katzen**korb**, Katzen**futter**, Katzen**freund**
Hunde**leine**, Hunde**schule**, Hunde**rasse**

HAUSTIERE

In der Goldfischgasse Nr. 14 wohnen acht Personen. Jede Person hat ein Haustier. Kannst du die Namen den passenden Bildern zuordnen? Hier sind die Hinweise:

- Frau Emsigs und Herrn Buntschöns Haustiere können sich nicht leiden.
- Helenes Haustier ist besonders flauschig.
- Vor den Haustieren von Herrn Trun und Elvira haben einige Menschen Angst.
- Toms Haustier gehört nicht zu den Säugetieren.
- Frau Meiers Haustier ist sehr laut.
- Frau Blums Haustier ist leise.

Frau Emsig Helene Herr Buntschön Frau Meier

Frau Blum Herr Trun Tom Elvira

Frau Emsig
Helene
Herr Buntschön
Frau Meier
Frau Blum
Herr Trun
Tom
Elvira
oh, ah

WARUM HAT MAN ZUERST MILCHZÄHNE UND WARUM FALLEN SIE AUS?

Die Milchzähne fallen aus, weil der Kiefer irgendwann wächst und größere Zähne braucht. Ist es so weit, stupsen die großen Zähne, die schon im Kiefer angelegt sind, die kleineren Milchzähne an. Dabei werden Fresszellen aktiviert, die die Wurzeln der Milchzähne angreifen. So werden diese locker und fallen aus. Die größeren Zähne können von unten nachwachsen.

Welches Kind hat noch keinen Milchzahn verloren? Kreise den Namen ein.

MAUSSCHLAU!

Im Mund eines Erwachsenen sind nicht nur größere Zähne, sondern auch 12 mehr als im Kindergebiss!

LÖSUNG

Willi hat noch keinen Milchzahn verloren.

DIE ZAHNFEE

Erinnerst du dich noch an den Tag, als du den ersten Milchzahn verloren hast? Bewahrst du ihn seitdem in einer kleinen Dose auf? Oder kam auch die Zahnfee zu dir, um dir ein kleines Geschenk zu bringen?

Die Zahnfee hinterlässt Sternenstaub und Glitzerregen – wie viele Sterne gibt es von jeder Farbe?

LÖSUNG

 13 x

 6 x

 10 x

 9 x

VOR DEM ESSEN ...

... nach dem Essen: Zähneputzen nicht vergessen! Und was gehört noch zur täglichen Körperpflege dazu? In diesem Rätsel geht es um alle Dinge, die im Badezimmer zu finden sind.

Welche Wörter kannst du aus diesen Silben zusammensetzen?

NE BÜR WAN ZAHN HAND LAP PAS TA BA DE PEN STE HAAR WASCH TUCH

Darin kann man liegen und im Schaum spielen:

1

Diese Creme kommt auf die Zahnbürste:

2

Kleinen Kindern wird damit zum Beispiel der Mund sauber gemacht:

3

Damit trocknest du dich nach dem Duschen ab:

4

Wilde Mähnen lassen sich damit bändigen:

5

LÖSUNG

1. Badewanne
2. Zahnpasta
3. Waschlappen
4. Handtuch
5. Haarbürste

WIE ENTSTEHEN BLITZ UND DONNER?

Ein Blitz entsteht, wenn die Luft elektrisch aufgeladen ist und es zu einer plötzlichen Entladung kommt. Wenn es im Sommer am Boden sehr warm wird und die Feuchtigkeit verdunstet, steigt sie nach oben. Dort trifft die warme Luft auf kalte Luft, es bilden sich riesige Gewitterwolken.

Male eine große und dunkle Gewitterwolke, aus der Blitze zum Erdboden gehen.

In den Gewitterwolken wirbeln Wassertropfen nach oben und aus dem oberen, kälteren Teil der Wolke wirbeln Eiskristalle nach unten. Dabei entsteht **elektrische Spannung**, die sich als Blitz entlädt. Die Luft wird bei einer solchen Entladung so heiß, dass sie sich ausdehnt. Dabei entstehen **Schallwellen**, die wir als lauten Donner hören.

WIE WEIT IST DAS GEWITTER ENTFERNT?

Mit einer einfachen Rechnung kannst du herausfinden, wie weit ein Gewitter entfernt ist. Zähle einfach die Sekunden zwischen Blitz und Donner und teile das Ergebnis durch drei. Die Zahl gibt dann an, wie viele Kilometer zwischen dir und dem Gewitter liegen.

Hier steht, wie viele Sekunden zwischen Blitz und Donner liegen. Kannst du ausrechnen, wie weit das Gewitter jeweils entfernt ist?

15 Sekunden = 3 Kilometer

18 Sekunden = ___ Kilometer

24 Sekunden = ___ Kilometer

6 Sekunden = ___ Kilometer

27 Sekunden = ___ Kilometer

MAUSSCHLAU!

Was man als Blitz sieht, ist glühende Luft. Im Inneren eines Blitzes kann sich die Luft auf 30.000 °C erhitzen.

LÖSUNG

15 Sekunden = 3 Kilometer

18 Sekunden = 6 Kilometer

24 Sekunden = 8 Kilometer

6 Sekunden = 2 Kilometer

27 Sekunden = 9 Kilometer

DONNERGROLLEN

Als man von Elektrizität noch nichts wusste, glaubten die Menschen, dass die Götter für Blitz und Donner zuständig sind. Wenn die Menschen sich nicht gut verhielten, wurden die Götter zornig und schickten Blitze vom Himmel. Der Donner wurde als Grollen der Götter verstanden.

Die Wikinger stellten sich vor, dass der Donnergott mit einem Wagen über den Himmel fuhr und von zwei Ziegenböcken gezogen wurde. Weißt du, wie er hieß? Finde seinen Namen heraus, indem du das Rätsel löst. Suche alle Zahlen der Neuner-Reihe. Ordne sie von klein nach groß und schreibe für das Lösungswort die dazugehörigen Buchstaben auf.

NEUNER-REIHE:

LÖSUNG:

LÖSUNG

Neuner-Reihe: 9, 18, 27, 36. Der Donnergott der Wikinger hieß **Thor**.

WIE TIEF KANN EIN MAULWURF GRABEN?

Der Maulwurf lebt fast nur unter der Erde. Hier gräbt er Gänge zum Jagen von Insekten, Regenwürmern und Schnecken. Insgesamt können die Gänge eine Länge von bis zu 200 Metern und eine Tiefe von bis zu 120 Zentimetern erreichen!

Max Maulwurf möchte seine Freundin besuchen. Zeigst du ihm den Weg? Sammle alle Buchstaben ein, die auf dem Weg liegen. Zusammen ergeben sie den Namen der Maulwurf-Freundin.

Die Freundin von Max Maulwurf heißt _ _ _ _ _ _ _ _ _ _ _ _ _ _ _ .

Die Freundin von Max Maulwurf heißt **FLORENTINE** .

MAULWURFSHÜGEL

Bei ihren unterirdischen Bauarbeiten werfen Maulwürfe die überschüssige Erde auf die Wiese.

Auf dieser Wiese sind überall Maulwurfshügel. Jeder Maulwurf hat sechs Hügel aufgeworfen. Wie viele Maulwürfe waren hier am Werke? Kreuze die richtige Anzahl an.

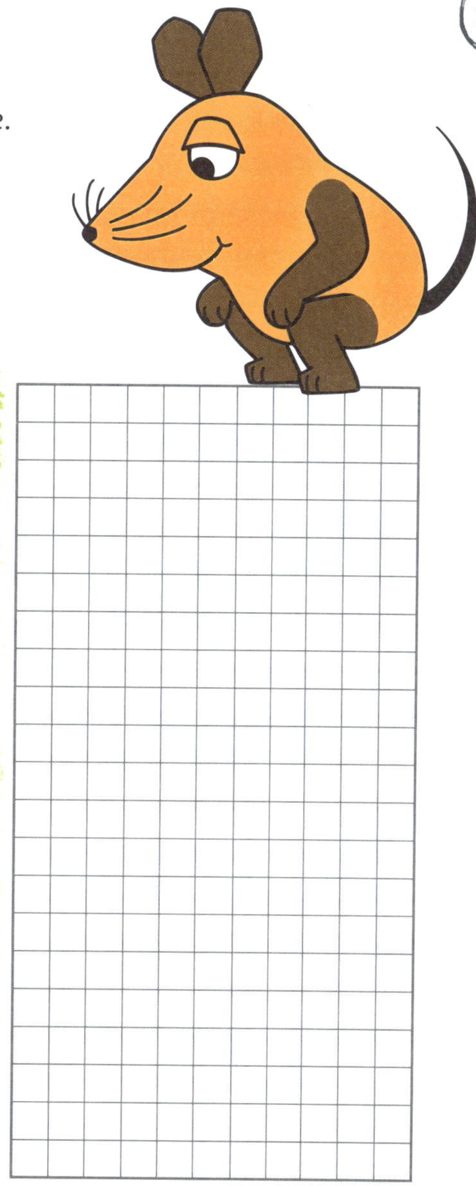

AUF DIESER WIESE LEBEN
6 ☐ 8 ☐ 9 ☐
MAULWÜRFE.

MAUSSCHLAU!

Es ergibt keinen Sinn, Maulwurfshügel platt zu treten. Der Maulwurf wirft sie schnell wieder auf, denn er braucht die Hügel, um Luft zum Atmen zu bekommen. In jedem Hügel befindet sich ungefähr in der Mitte ein Gang, durch den Luft in das Gangsystem des Maulwurfs strömt.

LÖSUNG

Auf dieser Wiese leben 6 Maulwürfe.
(36 Maulwurfshügel geteilt durch 6 ergibt 6.)

TIERE AM WALDBODEN

Neben den Maulwürfen gibt es noch viele andere Tiere, die im Erdreich zu Hause sind. Manche graben tief verzweigte Gänge, andere krabbeln durchs Laub auf dem Waldboden oder verstecken sich unter Steinen. Welche sind es?

Schau dir die Wörterschlangen an. Suche den ersten Buchstaben und verbinde dann die restlichen mit Pfeilen. Schreibe die Tiere unten auf die Linie. Alle Tiere werden in der Mehrzahl gesucht.

Beispiel:

U ←	A ←	M
↓ L	E ←	F ↑
↓ W →	Ü →	R

MAULWÜRFE

S	C	H
E	N	N
K	C	E

Ü	ß	T	A
F	E	R	U
D	N	E	S

M	E	R	*
R	R	E	G
Ü	W	N	E

W	S	U
Ü	E	Ä
H	L	M

S	E	L	N
S	K	E	L
A	R	E	L

S	C	H
E	N	N
K	C	E

SCHNECKEN

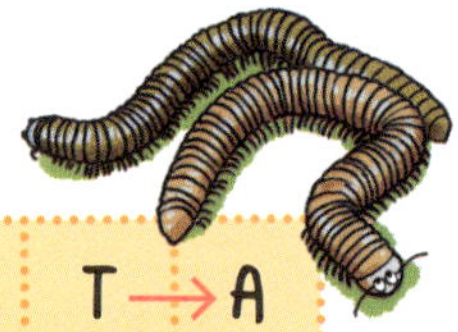

Ü	ß	T	A
F	E	R	U
D	N	E	S

TAUSENDFÜSSER

M	E	R	*
R	R	E	G
Ü	W	N	E

REGENWÜRMER

W	S	U
Ü	E	Ä
H	L	M

WÜHLMÄUSE

S	E	L	N
S	K	E	L
A	R	E	L

KELLERASSELN

WARUM STECHEN MÜCKEN?

Sie stechen nicht, weil sie sich von Blut ernähren. Aber sie brauchen Blut, weil darin Eiweiße (sogenannte Proteine) stecken, mit denen die Mückenweibchen ihre Eier bilden. Mückenweibchen stechen übrigens nicht nur Menschen, sondern auch Tiere – Hauptsache, sie bekommen das Blut mit den wichtigen Eiweißen. Da Mückenmännchen keine Eier bilden, brauchen sie auch keine Proteine – und stechen deshalb nicht.

Mücken stechen also nicht, um sich von Blut zu ernähren. Aber von was ernähren sie sich dann? Finde es heraus, indem du den Anfangsbuchstaben der Bilder zu den passenden Nummern im Lösungsfeld schreibst.

LÖSUNGSWORT:

1	2	3	4	5	6

LÖSUNG

1 = Nest
2 = Engel
3 = Kaktus
4 = Tanne
5 = Affe
6 = Regenschirm

1	2	3	4	5	6
N	E	K	T	A	R

UND WARUM JUCKEN MÜCKENSTICHE?

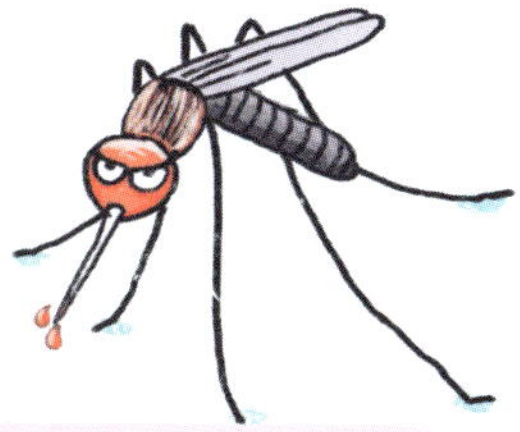

Die Stiche jucken erst, wenn die Mücke wieder verschwunden ist. Dann reagiert nämlich unser Körper auf den Speichel, den die Mücke beim Saugen in unsere Haut absondert. Die Haut beginnt zu jucken, weil das Abwehrsystem des Körpers den Speichel als Fremdkörper erkennt und bekämpft.
Das ist auch der Grund, weshalb der Stich rot wird und anschwillt.

Fast überall auf der Welt gibt es Stechmücken – nur auf einem Kontinent braucht man keine Sorge haben, von einer Mücke gestochen zu werden. Welcher ist es? Rate doch mal und kreuze den Namen des Kontinents an:

- ○ SÜDAMERIKA
- ○ AFRIKA
- ○ ANTARKTIKA
- ○ AUSTRALIEN
- ○ ASIEN
- ○ EUROPA
- ○ NORDAMERIKA

LÖSUNG

Nur in der Antarktika gibt es keine Mücken.

WARUM WERDE IMMER NUR ICH GESTOCHEN?

Ja, manche Menschen mögen die Mücken besonders gern. Das liegt an ihrem Geruch und vielleicht auch an der Körpertemperatur. Besonders Schweiß scheint Mücken anzuziehen, aber auch der Geruch bestimmter Bakterien, die jeder Mensch auf der Haut hat. Welche Gerüche es aber ganz genau sind, hat man noch nicht herausgefunden.

Finde heraus, wen diese Mücke besonders gern riechen mag!

ANNA
LEA
LUIS

WER HAT DIE SCHULE ERFUNDEN?!

Die ersten richtigen Schulen hießen „Tafelhaus“ und wurden vor 5.000 Jahren von den Sumerern errichtet. Die Sumerer waren ein Volk, das in den Gebieten des heutigen Irak und Syrien lebte.

Beantworte alle Quiz-Fragen und erfahre, wie die Schule in der Sprache der Sumerer hieß. Dazu trägst du die Buchstaben vor den richtigen Antworten unten ein, zusammen ergeben sie das Lösungswort.

1 Die Schule hieß „Tafelhaus“, weil ...

(RE) im Klassenraum eine große Tafel stand.

(ED) die Schüler ihre Aufgaben in Tontafeln ritzten.

(GU) Schüler und Lehrer gemeinsam an einer großen Tafel zu Mittag aßen.

2 Die Lehrer unterrichteten Lesen, Schreiben, Rechnen und ...

(UB) Astronomie und Musik.

(AS) Informatik und Computerspiele.

(BI) Chemie und Kunst.

3 Zur Schule gehen mussten die Kinder der Sumerer elf Stunden am Tag und an ...

(HO) zwei Tagen in der Woche.

(FE) drei Tagen in der Woche.

(BA) sechs Tagen in der Woche.

In der Sprache der Sumerer hieß die Schule _ _ _ _ _ _ **.**

LÖSUNG

1 ED, 2 UB, 3 BA

In der Sprache der Sumerer hieß die Schule **Edubba** (deutsch: **Tafelhaus**).

DIE SCHULE BEI DEN ALTEN GRIECHEN UND RÖMERN

Unseren Namen für „Schule“ haben wir von den Griechen übernommen. „Scholé“ hieß der Ort für das Lernen bei ihnen.

Vervollständige den Lückentext mit den passenden Wörtern und erfahre, wie es bei den alten Griechen und Römern in der Schule zuging.

alle – Lehrer – elf – Sport – Söhne – Römer

Vor etwa 3.000 Jahren gingen nur die ________________ reicher Griechen zur Schule. Also: Es gab zwar Schulen, aber noch lange nicht für ________________ Kinder. Die Schüler hatten Fächer wie Schreiben, Lesen und Rechnen, aber auch Philosophie, Dichtkunst, Geschichtsschreibung und Redekunst. ______________ war auch ein wichtiges Fach!

Vor 2.500 Jahren übernahmen die ________________ die Idee mit der Schule von den Griechen. In der Elementarschule lernten Kinder im Alter zwischen sieben und __________ Jahren lesen, schreiben und rechnen. Die ______________ waren sehr streng.

LÖSUNG

Vor etwa 3.000 Jahren gingen nur die **Söhne** reicher Griechen zur Schule. Also: Also: es gab zwar Schulen, aber noch lange nicht für **alle** Kinder. Die Schüler hatten Fächer wie Schreiben, Lesen und Rechnen, aber auch Philosophie, Dichtkunst, Geschichtsschreibung und Redekunst. **Sport** war auch ein wichtiges Fach!

Vor 2.500 Jahren übernahmen die **Römer** die Idee mit der Schule von den Griechen. In der Elementarschule lernten Kinder im Alter zwischen sieben und **elf** Jahren lesen, schreiben und rechnen. Die **Lehrer** waren sehr streng.

MAUSSCHLAU!

Die Schulpflicht für alle Kinder gibt es auch in Deutschland erst seit 100 Jahren. Dass alle Kinder acht Jahre lang zur Schule gehen müssen, wurde hier im Jahre 1919 festgelegt. Heute sind es neun oder zehn Jahre.

WIESO? WESHALB? WARUM?

Wer viel wissen will, stellt viele Fragen – nicht nur in der Schule.

All diese Kinder fragen „Warum?" – nur in anderen Sprachen.
Fahre den Linien nach und erfahre, welches Kind in welcher Sprache spricht.

LÖSUNG

Hvorfor?
Dänisch

Waarom?
Niederländisch

¿Por qué?
Spanisch

Perché?
Italienisch

Why?
Englisch

Miért?
Ungarisch

De ce?
Rumänisch

Pourquoi?
Französisch

SCHULSPORT

Laufen, Turnen, Ball spielen – Sport stand schon bei den alten Griechen auf dem Stundenplan.

Welche Sportarten sind hier gesucht? Bringe die Buchstaben in die richtige Reihenfolge und schreibe die Wörter richtig auf.
Tipp: Der erste Buchstabe ist immer groß geschrieben.

chwSimenm ______

Besaktblla ______

banaHdll ______

Battlle ______

eichaLthtliket ______

uTrnne ______

eRietn ______

niaBdmnto ______

Hyocke ______

ollyeVabll ______

xoBen ______

sikasserW ______

LÖSUNG

Schwimmen
Ballett
Reiten
Volleyball
Wasserski
Basketball
Leichtathletik
Badminton
Boxen
Handball
Turnen
Hockey

NEUE IDEEN FÜR DIE SCHULE

Die Schule entwickelt sich immer weiter. Wer hätte vor 100 Jahren gedacht, dass die Kinder heute Computerunterricht haben?

Was glaubst du, wie sieht die Schule in 100 Jahren aus?

In 100 Jahren ...

... heißt die Schule ____.

... gibt es diese neuen Schulfächer: ________________________________

____.

... wurden diese Schulfächer längst abgeschafft: ______________________

____.

... gibt es in jedem Klassenraum ____________________________.

... tragen die Schüler ihre Schulsachen in _______________________.

... beginnt der Unterricht um ________ Uhr und endet um ________.

... bekommt jedes Kind zur Einschulung __________________________

____.

(M)AUSZEIT

Bist du im Unterricht auch manchmal müde?
Male die Maus an und ruhe dich etwas aus vom Schreiben und Rätselraten.

WARUM HABEN ZEBRAS STREIFEN?

Das fragen sich nicht nur Kinder, sondern auch viele Wissenschaftler. Ganz geklärt ist die Frage bis heute nicht. Eine Antwort könnte sein, dass die Tiere im hohen Gras der Savanne dank der Streifen besser getarnt sind.

Die Zebras versammeln sich zum Trinken in der Oase. Nur zwei Zebras haben exakt das gleiche Streifenmuster. Findest du sie?

MAUSSCHLAU!

In der Natur gleicht kein Zebra dem anderen. Jedes Tier trägt sein ganz persönliches Streifenmuster.

(M)AUSZEIT

Warum immer nur schwarz-weiß? Male die Zebras doch mal bunt aus. Und warum eigentlich nur Streifen? Zebras mit kariertem Fell oder Pünktchenmuster sehen bestimmt auch hübsch aus.

TIERNAMEN-ERFINDER

Zebras gibt es nur in Afrika. Es ist also völlig überflüssig, sie Afrikanische Zebras zu nennen. Elefanten hingegen kommen auch in anderen Teilen der Erde vor, hier unterscheidet man den Afrikanischen und den Indischen Elefanten.

Denke dir lustige Tiernamen aus, indem du diese Liste ausfüllst. Kombiniere deine Einfälle und erhalte unendlich viele Tierarten – nicht nur aus Afrika!

HERKUNFT (STADT, LAND, GEBIET, GEWÄSSER)	EXTRA 1	EXTRA 2	ART
Afrikanischer	Riesen	Wasser	Büffel
Indischer			
			Schnabeltier
	Finger		
Kölner			
			Leopard
Amazonas			
	Flecken		
		Sonnen	
			Ratte
	Spinat		
		Berg	

(M)AUSZEIT

Male das Tier mit dem lustigsten Namen mitten auf die Wiese.

TIERE IN DER SAVANNE

In der Trockenzeit müssen die Tiere lange suchen, um ein Wasserloch zu finden. Dort kommen dann viele verschiedene Tiere zusammen, um zu trinken. Doch müssen sie stets auf der Hut sein – denn auch Löwen und andere Raubtiere halten hier Ausschau nach Beute.

Die Maus schaut mit ihrem Fernglas durch das Savannengras. Sie beobachtet zwei Nilpferde, drei Flamingos, einen Elefanten, drei Zebras, einen Löwen und einen Vogel Strauß. Wie viele Beine haben die Tiere zusammen?

TIPP:
Zeichne die Tiere einfach auf und zähle dann ihre Beine zusammen.

LÖSUNG

zwei Nilpferde = 8 Beine
drei Flamingos = 6 Beine
ein Elefant = 4 Beine
drei Zebras = 12 Beine
ein Löwe = 4 Beine
ein Vogel Strauß = 2 Beine
Das ergibt zusammen 36 Beine.

WIE KOMMEN ROTE STREIFEN IN DIE ZAHNPASTA?

Vom Verschluss führt ein etwa 2 cm langes Röhrchen in die Tube. Um dieses Röhrchen herum ist rote Zahnpasta gefüllt. Der Rest der Tube ist mit weißer Zahnpasta befüllt. Drückt man nun auf die Tube, kommt nicht nur weiße Zahnpasta von hinten, sondern durch feine Löcher in dem Röhrchen auch rote Zahnpasta heraus.

Wer putzt mit welcher Zahncreme? Spure nach und finde heraus, wie die Kinder heißen. Schreibe ihre Namen auf die Felder unter ihren Gesichtern.

EZRA
LUCY
LEIF
EZRA
LEIF
LUCY

ICH PACKE MEINEN KOFFER …

… und nehme natürlich meine Zahnbürste mit!
Was möchtest du noch mitnehmen?

Setze die Buchstabenkette fort, indem du dir ein neues Wort ausdenkst, das mit dem letzten Buchstaben von „Zahnbürste" beginnt, also mit einem „E". Wie geht es weiter?

WAS KOMMT IN DEINEN KOFFER?

Male alles in den Koffer, was unbedingt mit in den nächsten Urlaub muss.

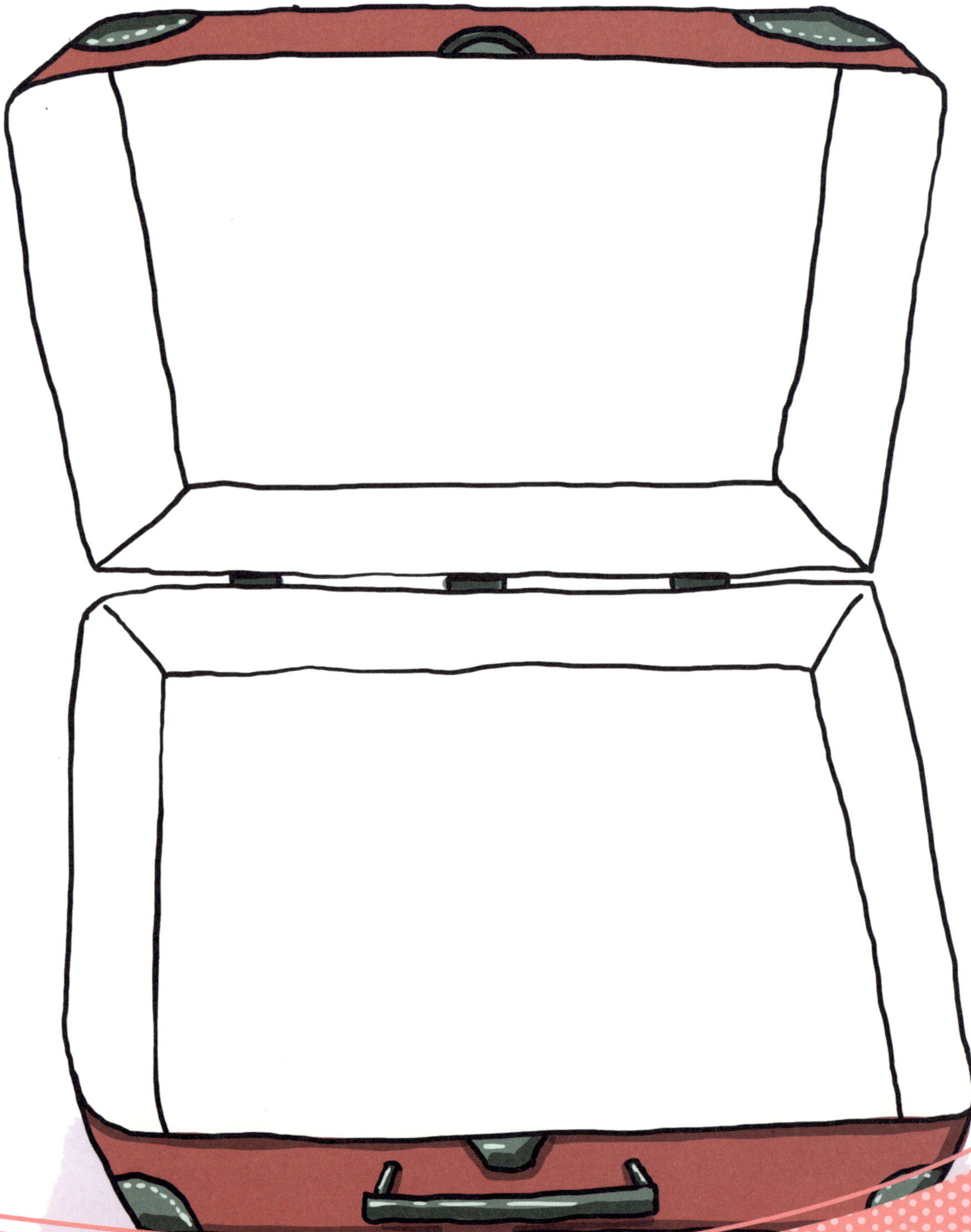

WIE MACHEN SPINNEN IHR SPINNENNETZ?!

Die meisten Spinnen bauen Radnetze: mit einem äußeren Rahmen, Speichen wie bei einem Fahrrad und vielen inneren Spiralen.
Der Spinnfaden wird in der Spinndrüse am Hinterleib der Spinne produziert.
Beim Spinnen des Netzes geht sie immer nach dem gleichen Prinzip vor: erst das Rad und die Speichen, dann die Spiralfäden.

Die Spinne Aranita möchte aus der Mitte ihres Spinnennetzes nach außen gelangen, um die Mücke zu verspeisen, die sich an den klebrigen Spinnenfäden verfangen hat. Doch einige Spinnenfäden sind gerissen – wie kommt die Spinne auf sicherem Weg dorthin?

Spinnen haben acht Beine, welcher Spinne fehlt ein Bein?

Kreise sie ein.

MAUSSCHLAU!

Für den Bau ihres Netzes braucht eine Spinne eine Nacht. Alle drei bis vier Tage baut sie ein neues Netz. Das alte frisst sie auf und verwendet das Baumaterial erneut, indem es durch ihren Körper wandert und kurz darauf zu neuem Faden versponnen wird. Ein Spinnennetz kann übrigens aus insgesamt 20 Metern Faden bestehen!

LÖSUNG

RAFFINIERTE JÄGER

Die bekannte Kreuzspinne fängt ihre Beute in ihren selbst gewebten Radnetzen. Auch die Baldachinspinne und andere Webspinnen jagen Insekten in Netzen.

An diesen Spinnfäden haben sich sieben Spinnennamen versteckt: Laufspinne, Kürbisspinne, Streckerspinne, Kreuzspinne, Baldachinspinne, Waldwolfspinne, Listspinne. Kreise die Namen ein.

GHUSTRECKERSPINNEJHZRBALD

PSFLOWDLAWIPSENNIPSNIHCA

INNELSPINNLISTSPINNEKÜRBKREUZ

PSSIBRÜKALENNIPS

INNELAULAUFSPINNE

MLK

MAUSSCHLAU!

Es gibt auch andere Jagdmethoden unter den Spinnen: Die Krabbenspinne tarnt sich auf Blüten, die Wolfsspinne lauert ihrer Beute am Boden auf.

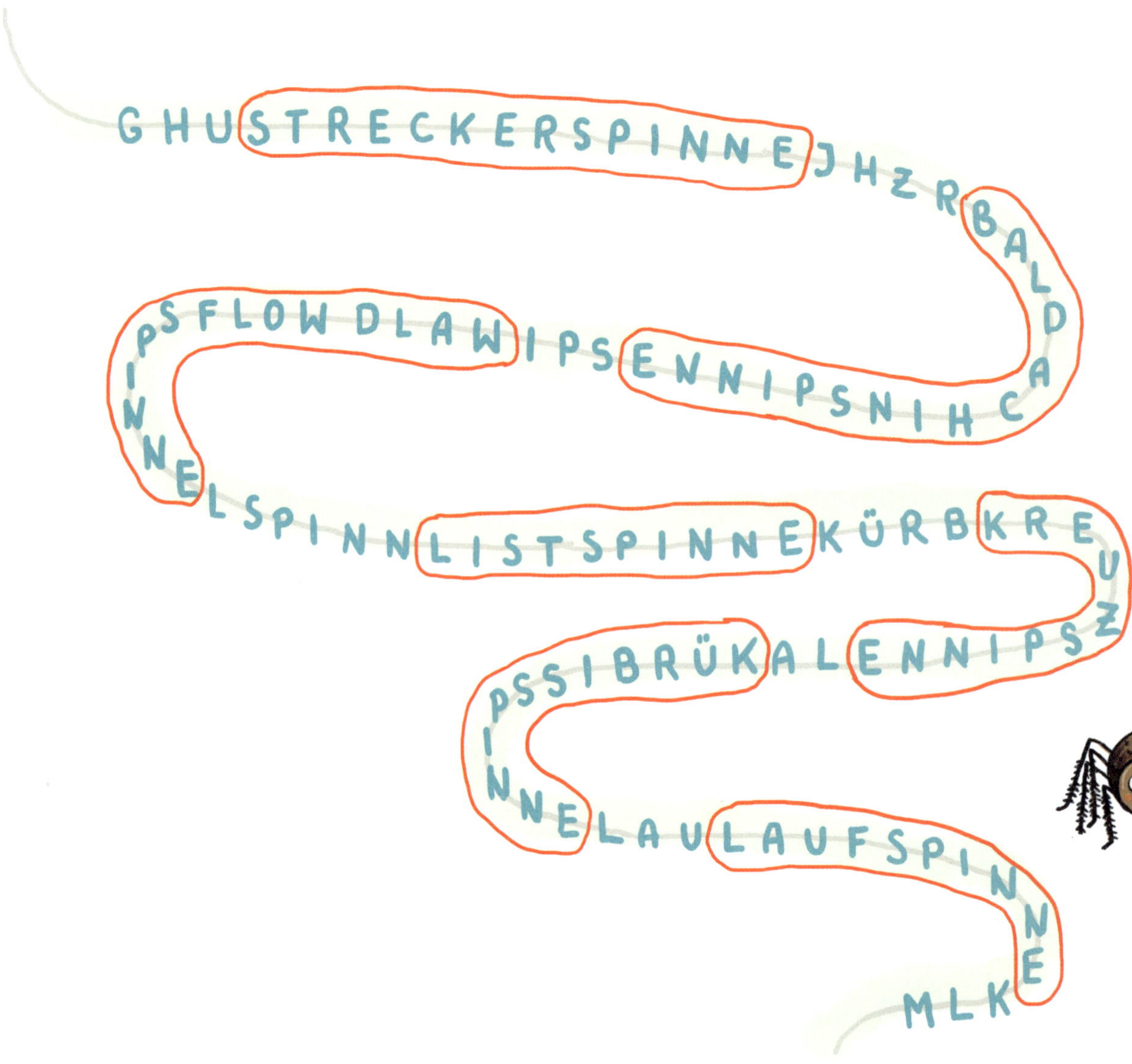
GHUSTRECKERSPINNEJHZRBALDACHINSPINNESPIWALDWOLFSPINNELSPINNLISTSPINNEKÜRBKREUZSPINNELAKÜRBISSPINNELAULAUFSPINNEKLM

ICH GLAUB, ICH SPINNE!

In vielen deutschen Sprichwörtern werden Tiere genannt. Wie gut kennst du dich mit diesen Redewendungen aus?

Welches Tier gehört zu welchem Sprichwort? Verbinde!

Ich habe einen ...hunger!

PFERDE

Du machst ja aus einer ... einen Elefanten

AFFEN

FLIEGEN

Da hast du zwei ... mit einer Klappe geschlagen.

HUHN

Was ist das hier nur für ein ...theater?

BÄREN

Ich fühle mich gerade ...wohl!

MÜCKE

Nein, dazu bringen mich keine zehn ...!

PUDEL

Auch ein blindes ... findet mal ein Korn.

MAUSSCHLAU!

In anderen Sprachen heißen die Sprichwörter ganz ähnlich, doch oftmals stellen sich die Menschen unterschiedliche Tiere dabei vor. Wenn man kein Wort mehr herausbringt, sagen wir im Deutschen „Ich habe einen Frosch im Hals". Die Franzosen hingegen haben gleich eine ganze „Katze im Hals".

LÖSUNG

„Ich habe einen **Bären**hunger!"

„Du machst ja aus einer **Mücke** einen Elefanten!"

„Ich fühle mich gerade **pudel**wohl!"

„Nein, dazu bringen mich keine zehn **Pferde**!"

„Was ist das hier nur für ein **Affen**theater?"

„Auch ein blindes **Huhn** findet mal ein Korn."

„Da hast du zwei **Fliegen** mit einer Klappe geschlagen."

WER HAT DIE BUCHSTABEN ERFUNDEN?

Die Schrift und die einzelnen Buchstaben wurden nicht an einem Tag von einem Menschen erfunden. Vielmehr haben sie sich im Laufe von Jahrtausenden entwickelt – und zwar an verschiedenen Orten auf der Welt. Ohne dass die Menschen voneinander wussten, entstanden an mehreren Orten ganz unterschiedliche Schriften und Buchstaben. Doch eines haben all diese Schriften gemeinsam: Am Anfang bestanden sie aus Bildern.

Vielleicht kennst du die Bildschrift der alten Ägypter. Rate doch mal, was diese Hieroglyphen bedeuten! Verbinde immer ein Bild mit der richtigen Bedeutung.

Vogel, der einen Fisch fängt

ausgebreitet Arme, Umarmung

Sandale

drei Küken im Nest

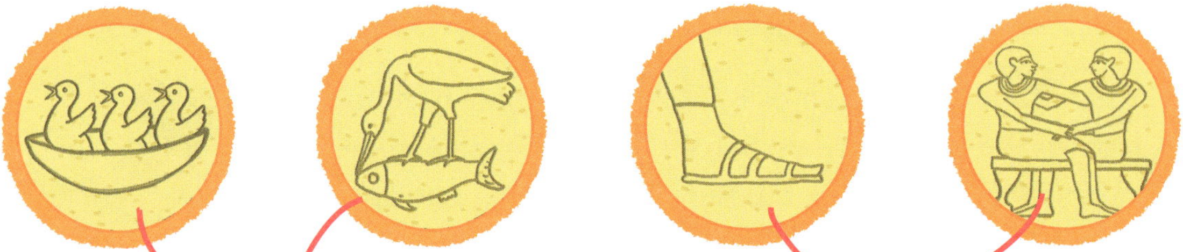

Vogel, der einen Fisch fängt

ausgebreitet Arme, Umarmung

Sandale

drei Küken im Nest

DAS ALPHABET

Die Phönizier erfanden 1000 v. Chr. das erste Alphabet. Es bestand nicht mehr aus Bildern, sondern aus einfachen Zeichen, die für Laute standen. Vokale (wie a, e, i, o, u) gab es noch nicht, aber es hatte 22 Konsonanten. Bei den alten Griechen 900 v. Chr. gab es dann schon 24 Buchstaben, die Römer brauchten 700 v. Chr. nur 21 Buchstaben. Dieses „lateinische Alphabet" haben wir von den Römern übernommen, es wurde allerdings im Laufe der Zeit noch um weitere Buchstaben ergänzt.

Unser Alphabet besteht aus 26 Buchstaben. Dazu kommen bei uns noch Umlaute wie ä, ö oder ü. Auch das „ß" ist eine Erweiterung dieses Alphabets. In anderen europäischen Sprachen gibt es noch weitere Punkte, Haken, Striche oder Kringel.

Kreise alle Zeichen ein, die nicht zum deutschen Alphabet gehören.

ø ú d å y a

b î a m k

x æ ñ ß ü

v z ç

þ e l t ë

LÖSUNG

ø, ú, î, æ, ñ, å, ë, ç, þ sind die Zeichen, die nicht zum deutschen Alphabet gehören.

CÄSARS GEHEIMSCHRIFT

Solange es Schriften gibt, solange benutzen die Menschen wohl auch schon Geheimschriften. Schließlich gab es schon immer wichtige Nachrichten, die streng geheim bleiben sollten. So erfand der bekannte Feldherr Julius Cäsar im alten Rom eine Methode, wie er seine Botschaften verschlüsseln konnte. Der Trick war ganz einfach: Er verschob das Alphabet um drei Buchstaben.

Bastle dir selbst eine Cäsar-Scheibe und schreibe deinen Freunden verschlüsselte Botschaften. Dank der Scheibe kannst du leicht ablesen, wie ein Buchstabe in der Geheimschrift lautet. Auf der äußeren Scheibe steht das „richtige" Alphabet, auf der inneren das verschlüsselte.

Du brauchst:

- eine Schere
- eine Briefklammer

So geht's:

Schneide die beiden Scheiben aus und befestige die kleinere Scheibe mit einer Briefklammer auf der größeren. Verschiebe die kleinere Scheibe um drei Buchstaben, sodass du ablesen kannst: A = D, B = E, C = F und so weiter.

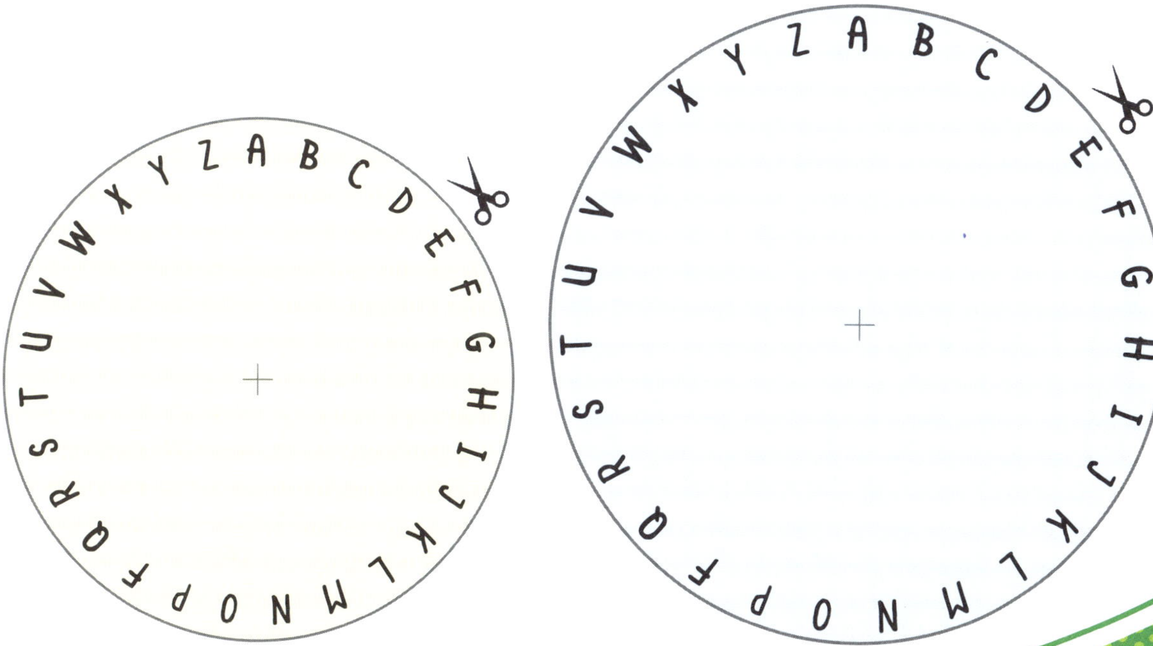

Kannst du diesen Text mit der Cäsar-Scheibe entschlüsseln?

GLB PDXY NDFF OHVHF.

LÖSUNG

Die Maus kann lesen.

VON LINKS NACH RECHTS

Unser Alphabet stammt von den Römern ab. Und die legten fest, dass man von links nach rechts schreibt. Doch es gibt auch Sprachen, in denen man andersherum schreibt und liest, zum Beispiel im Arabischen oder Hebräischen. Hier ist ein deutscher Text von rechts nach links abgedruckt, kannst du ihn lesen? Schreibe ihn richtig herum auf.

Und nun bist du an der Reihe. Schreib doch mal einen Satz oder ein langes Wort verkehrt herum auf. Gar nicht so einfach, oder?

LÖSUNG

Die Maus feiert heute Geburtstag. Herzlichen Glückwunsch!

WARUM HEISSEN DIE SIEBEN WELTWUNDER „WELTWUNDER"?

Alle sieben Weltwunder waren ganz erstaunliche Bauwerke. Bis heute wundert man sich, wie die Menschen sie damals überhaupt errichten konnten – so ganz ohne Baukräne und die technischen Hilfsmittel von heute.

Wie heißen die Bauwerke?
Verbinde die sieben Weltwunder mit ihren Namen!

Statue des Zeus

Leuchtturm von Alexandria

Koloss von Rhodos

Hängende Gärten der Semiramis

Tempel der Artemis

Mausoleum von Halikarnassos

Pyramiden von Gizeh

Statue des Zeus
Leuchtturm von Alexandria
Koloss von Rhodos
Hängende Gärten der Semiramis
Tempel der Artemis
Pyramiden von Gizeh
Mausoleum von Halikarnassos

EINE GANZE WELT

Als der Schriftsteller Antipatros von Sidon die Liste der sieben Weltwunder vor etwa 2.100 Jahren aufstellte, bestand die ihm bekannte Welt aus den Ländern rund um ein bestimmtes Meer.

Wie heißt das Meer? Schreibe jeden zweiten Buchstaben auf und setze so das Lösungswort zusammen.

LÖSUNGSWORT:

MAUSSCHLAU!

Das ist also der Grund, weshalb die Bauwerke „Welt"-wunder heißen, und es erklärt auch, warum keine Bauwerke aus anderen Teilen der Erde aufgeführt sind. Sie waren dem Ernenner der Weltwunder einfach nicht bekannt.

LÖSUNG

MITTELMEER

DIE PYRAMIDEN VON GIZEH

Von den sieben Weltwundern sind nur die Pyramiden von Gizeh bis heute erhalten. Alle anderen sechs Weltwunder können leider nicht mehr besichtigt werden.

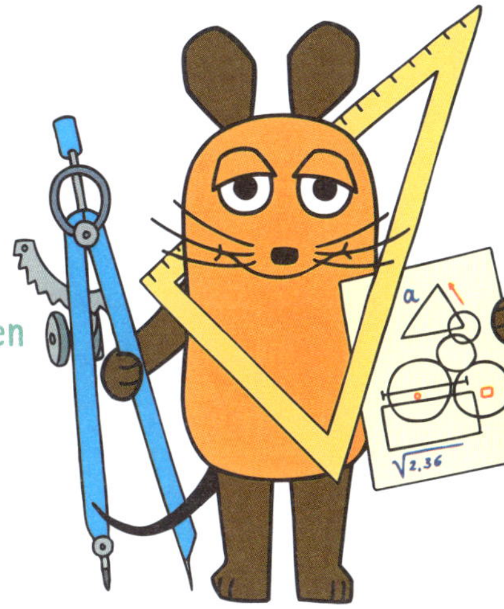

Kannst du die Zahlen-Pyramiden knacken? Die Zahlen auf den Steinen, die nebeneinanderliegen, ergeben zusammengezählt die Zahl auf dem jeweils darüberliegenden Stein. Ergänze die fehlenden Zahlen. Die Zahlenreihenfolgen in den unteren Reihen verraten dir, wie viele Meter die Pyramiden hoch sind.

CHEOPS-PYRAMIDE CHEPHREN-PYRAMIDE MYKERINOS-PYRAMIDE

LÖSUNG

Cheops-Pyramide: 138 Meter
Chephren-Pyramide: 136 Meter
Mykerinos-Pyramide: 65 Meter

DER TEMPEL DER ARTEMIS

Das Bauwerk in der antiken griechischen Stadt Ephesos soll so hoch wie ein Haus mit sechs Stockwerken gewesen sein. Das Dach wurde von 127 Säulen getragen, die 18 Meter hoch waren!

Die Göttin Artemis ist eine Tochter von Zeus. In diesem Kreuzworträtsel ist Platz für alle zwölf großen olympischen Götter. Welcher Name gehört wohin?

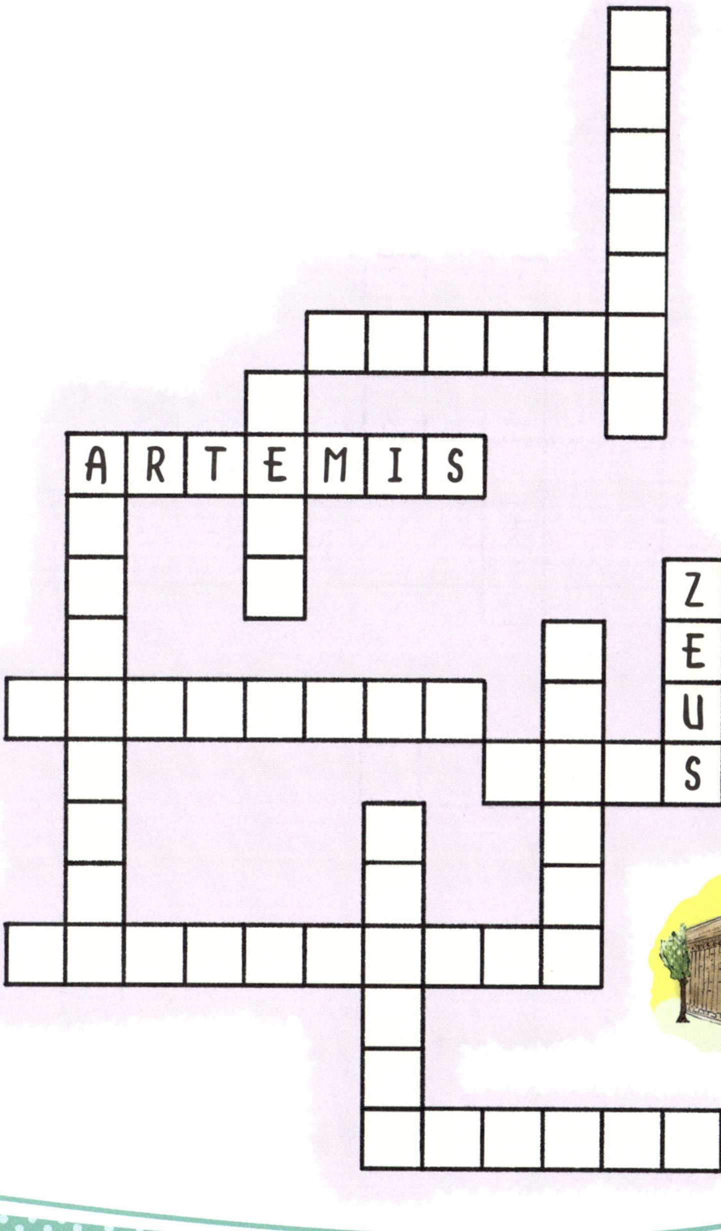

- ~~ZEUS~~
- ~~ARTEMIS~~
- POSEIDON
- HERA
- DEMETER
- APOLLON
- ATHENE
- ARES
- APHRODITE
- HERMES
- HEPHAISTOS
- HESTIA

Tempel der Artemis

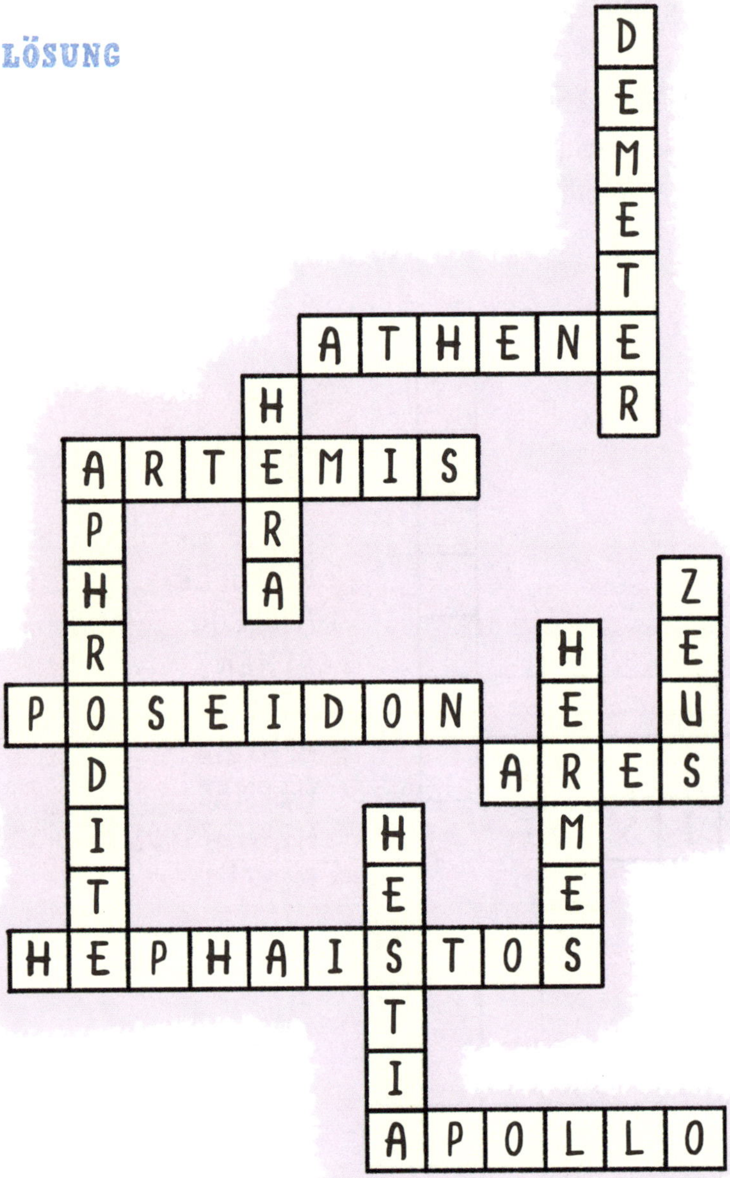
DEMETER
ATHENE
HERA
ARTEMIS
APHRODITE
ZEUS
HERMES
POSEIDON
ARES
HESTIA
HEPHAISTOS
APOLLO

EIN WUNDERBARES GEDICHT

Die sieben Weltwunder waren Wunderwerke der Baukunst.
Es gibt Wunder der Natur, Wunder in Märchen oder Erzählungen.
Und dann gibt es auch im Alltag Wunder, die uns staunen lassen.

Schreib doch mal ein Gedicht über etwas Wunderbares, das dir einfällt. Das geht ganz einfach mit einem Elfchen, also einem Gedicht, das nur aus elf Wörtern besteht. Diese elf Wörter verteilen sich über fünf Zeilen:

1. Zeile: ein **Wort** (ein Gedanke, ein Gegenstand, eine Farbe oder eine Eigenschaft)
2. Zeile: zwei **Wörter** (was macht das Wort aus Zeile 1?)
3. Zeile: drei **Wörter** (wo oder wie ist das Wort aus Zeile 1?)
4. Zeile: vier **Wörter** (etwas über dich, was meinst du?)
5. Zeile: ein **Wort** (ein abschließendes Wort)

Hier hast du Platz für dein eigenes Elfchen:

So könnte ein Elfchen über Wunder lauten:

Welt
so riesengroß
und voller Rätsel
ich staune jeden Tag
Wunder

WIE KOMMT DER SAND AN DEN STRAND?

Wenn du genau hinschaust, erkennst du, dass der Sand an unseren Stränden aus vielen winzigen Steinchen besteht. Diese Quarzkörnchen sind nichts anderes als zerriebene Steine, die ursprünglich aus den Gebirgen kommen.

Die kleinen Steinchen haben eine lange Reise hinter sich. Nummeriere die Sätze von 1. bis 6. und bringe damit die Geschichte eines Sandkorns in die richtige Reihenfolge.

	Der Kies wird immer kleiner gescheuert, bis er nur noch Sand ist. Dieser Sand wird an den Flussmündungen ins Meer gespült, mit der Strömung und über Wellen gelangt er an die Strände.
1.	**Gebirge bestehen aus riesigen Felsen. Diese Felsen haben feine Risse. Darin sammelt sich Regenwasser.**
	In den Gebirgsbächen reiben die Steine aneinander, Ecken und Kanten werden abgerubbelt. Die Steine werden kleiner.
	Im Winter gefriert das Wasser und dehnt sich stark aus. So werden die Risse im Felsen immer größer.
	Irgendwann sind die Risse so groß, dass Teile des Felsens abbrechen und in Gebirgsbächen landen.
	Aus den Steinen wird Kies, der über die Flüsse in Richtung Meer getragen wird.

LÖSUNG

6.	Der Kies wird immer kleiner gescheuert, bis er nur noch Sand ist. Dieser Sand wird an den Flussmündungen ins Meer gespült, mit der Strömung und über Wellen gelangt er an die Strände.
1.	Gebirge bestehen aus riesigen Felsen. Diese Felsen haben feine Risse. Darin sammelt sich Regenwasser.
4.	In den Gebirgsbächen reiben die Steine aneinander, Ecken und Kanten werden abgerubbelt. Die Steine werden kleiner.
2.	Im Winter gefriert das Wasser und dehnt sich stark aus. So werden die Risse im Felsen immer größer.
3.	Irgendwann sind die Risse so groß, dass Teile des Felsens abbrechen und in Gebirgsbächen landen.
5.	Aus den Steinen wird Kies, der über die Flüsse in Richtung Meer getragen wird.

WELCHE FARBE HAT DER SAND?

Sand kann ganz unterschiedliche Farben haben. Das hängt ganz davon ab, aus welchem Gestein er entstanden ist. So besteht weißer Sand vor allem aus einem Mineral, das Quarz heißt. Basalt ist der Name des vulkanischen Gesteins, aus dem schwarzer Sand entsteht. Das Mineral Feldspat sorgt für rosafarbene Sandkörner.

Wie heißen die silbrig glitzernden Sandkörner am Strand? Folge dem Weg vom Gebirge zum Strand und setze aus den Buchstaben den Namen des gesuchten Minerals zusammen.

LÖSUNGSWORT: _ _ _ _ _ _ _

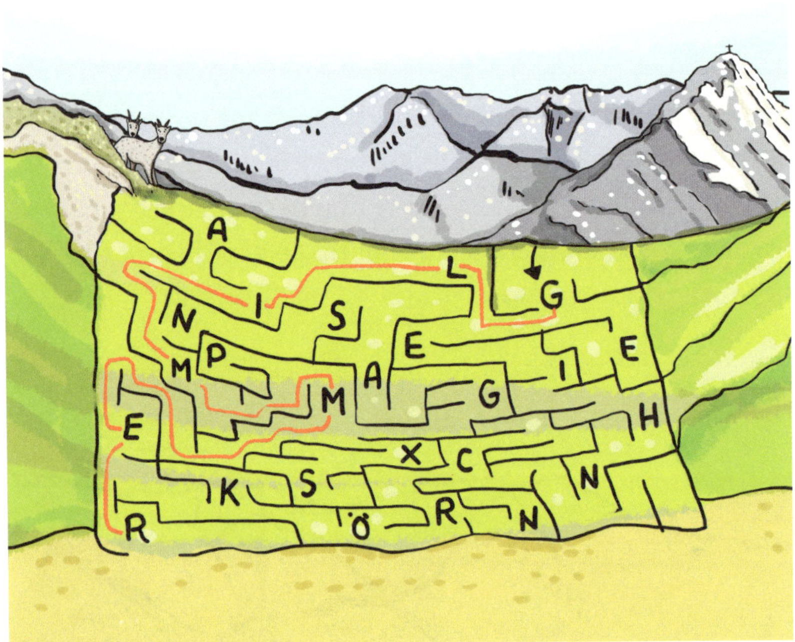

GLIMMER ist der Name des Minerals, aus dem die silbrig glänzenden Sandkörner bestehen.

EIN TAG AM STRAND

Die Maus verbringt einen Tag am Strand. Sonnencreme, Wasserball und natürlich ein großes Handtuch dürfen nicht fehlen.

Nur eine Maus passt zur Beschreibung. Welche ist es?

- Die Maus sitzt auf einem blau-weiß gestreiften Handtuch.
- Sie hat drei Flaschen mit Sonnenmilch dabei, auf denen der Lichtschutzfaktor angegeben ist: 50, 31 und 12.
- Auf allen drei Flaschen ist eine Sonne zu sehen.
- Eine Flasche ist offen.
- Der Ball hat oben einen grünen Kreis.

LÖSUNG

(M)AUSZEIT

Burgen bauen am Strand macht richtig Spaß und gehört zu jedem Urlaubstag dazu. Mit Muscheln oder anderen Strandfunden verziert, wird aus der Sandburg ein wahres Königsschloss.

Wie sieht die Sandburg aus, die die Maus gebaut hat? Verbinde die Zahlen und bestaune ihr Kunstwerk.

LÖSUNG

BAU DEINE EIGENE BURG!

Hier hat die Maus schon mit der nächsten Sandburg begonnen.
Wie würdest du sie weiterbauen?

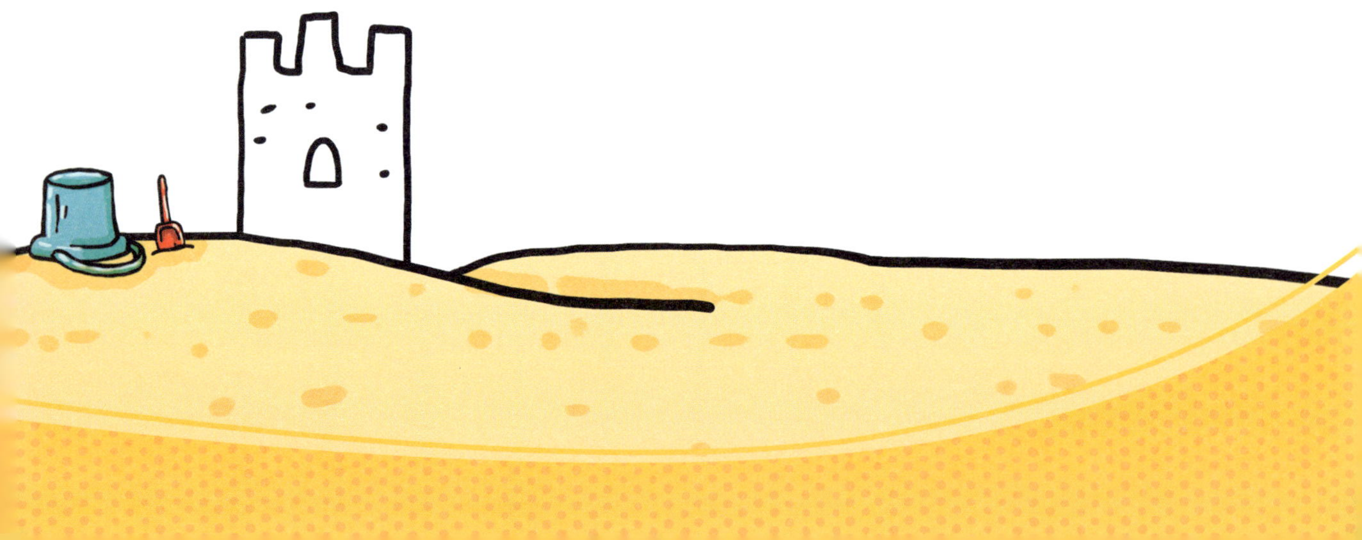

WIE WIRD SEIFE GEMACHT?

Seife gibt es schon seit 4.500 Jahren. Sie wurde im Orient erfunden und natürlich nicht in einer Fabrik, sondern von Hand hergestellt. Die Zutatenliste von damals ist übersichtlich: Fett oder Öl und Asche.

In diesem Text über die Seifenherstellung sind einige Buchstaben überflüssig. Trage sie der Reihenfolge nach unten in die Kästchen ein. Sie verraten dir den Namen des Handwerkers, der Seifen macht.

SDas Fett nahmeen die Meinschen damals von eifnem Tier. Öl gewanneen sie aus Pflanzen, zum Beispieln aus Oliven. Asche kam vom verbrannten Holz. Das Fsett oder Öl verkochten sie in einem Topf zusaimmen mit der Asche. Was daenn passierte, nennt man heute einen chemischen Vorgang. Am Ende schwamm odben im Topf die fertige Seife. Die musste nuer noch abgeschöpft werrden und in einer schönen Form getrocknet werden.

LÖSUNGSWORT:

LÖSUNG

SDas Fett nahmeen die Meinschen damals von eifnem Tier. Öl gewanneen sie aus Pflanzen, zum Beispieln aus Oliven. Asche kam vom verbrannten Holz. Das Fsett oder Öl verkochten sie in einem Topf zusaimmen mit der Asche. Was daenn passierte, nennt man heute einen chemischen Vorgang. Am Ende schwamm odben im Topf die fertige Seife. Die musste nuer noch abgeschöpft werrden und in einer schönen Form getrocknet werden.

Lösungswort: Seifensieder

SEIFENSAUBER

Seife ist wirklich praktisch: Bei ihrer Herstellung braucht man Asche und Fett – und genau diese Dinge sind es, die man mit der Seife auch wieder von seiner Haut abwaschen kann.

Welches Puzzleteil fehlt hier? Kreise es ein.

LÖSUNG

SEIFENHERSTELLUNG HEUTE

Heute wird Seife nur noch selten von Hand hergestellt, sondern kommt aus großen Fabriken. Statt der Asche (die durch einen chemischen Vorgang zu einer Lauge namens Pottasche wird) verwendet man heute Natronlauge.

Vervollständige den Lückentext und erfahre, wie die Seifenstücke in deinem Badezimmer entstehen.

schwimmt - Tanks -Tagen- Stück - erwärmt - Trockner

Natronlauge ist einfach eine andere Lauge als Pottasche. Sie wird in riesigen ______________ mit flüssigem Kokosfett vermischt und ______________. Dann muss immer gerührt werden, bis sich nach einigen ______________ zähflüssiger Schleim entwickelt. Hinzu kommt nun noch Kochsalzlösung, dadurch trennt sich die Seife ab und ______________ oben. Weil sie aber noch zu nass ist, kommt sie in einen großen ______________. Am Ende wird sie noch geraspelt, geknetet und zu einem langen Strang gepresst. Und davon liegt ein ______________ in deinem Badezimmer!

LÖSUNG

Natronlauge ist einfach eine andere Lauge als Pottasche. Sie wird in riesigen **Tanks** mit flüssigem Kokosfett vermischt und **erwärmt**. Dann muss immer gerührt werden, bis sich nach einigen **Tagen** zähflüssiger Schleim entwickelt. Hinzu kommt nun noch Kochsalzlösung, dadurch trennt sich die Seife ab und **schwimmt** oben. Weil sie aber noch zu nass ist, kommt sie in einen großen **Trockner**. Am Ende wird sie noch geraspelt, geknetet und zu einem langen Strang gepresst. Und davon liegt ein **Stück** in deinem Badezimmer!

(M)AUSPROBIERT

Mit Seife kann man sich nicht nur sauber machen, man kann auch tolle Seifenblasen zaubern!

Du brauchst:

- 700 g Neutralseife (gibt es im Drogeriemarkt)
- 500 g Zucker
- 40 g Tapetenkleister
- Wasser
- Draht
- Wollreste oder Klebeband
- einen großen Eimer
- einen Messbecher
- einen alten Kochlöffel oder einen Holzstab

So geht's:

Fülle einen Liter heißes Wasser in einen großen Eimer.

Nun kommen die Seife, der Zucker und der Tapetenkleister dazu. Warte, bis sich alle Zutaten im Wasser aufgelöst haben.

Rühre dann noch 3–6 Liter lauwarmes Wasser hinein. Es darf sich aber kein Schaum bilden!

Abwarten: Die Seifenblasenflüssigkeit braucht eine Stunde Ruhe!

In der Zwischenzeit kannst du aus dem Draht einen gleichmäßigen Kreis formen. Denke an ein Stück zum Festhalten.

Umwickle den Draht nun mit Wollresten oder Klebeband – so bleibt die Flüssigkeit besser am Ring haften.

Nach einer Stunde Ruhezeit darfst du die Flüssigkeit noch einmal kräftig mit dem Löffel oder Holzstab umrühren. Fertig!

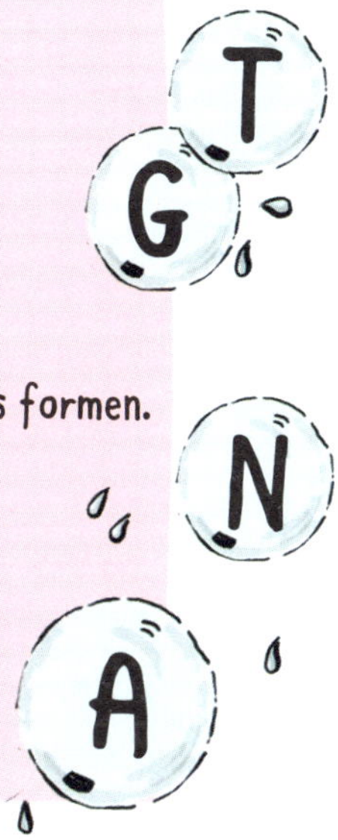

RÄTSEL: An welchem Wochentag gibt es eine neue Folge „Die Sendung mit der Maus" zu sehen? Bringe die Buchstaben auf den Seifenblasen in die richtige Reihenfolge.

LÖSUNGSWORT:

LÖSUNG

Eine neue Folge der „Sendung mit der Maus“ gibt es an jedem **Sonntag** im Fernsehen.

(M)AUSPROBIERT

Seifenstücke gibt es in allen möglichen Formen und Farben zu kaufen.
Versuch doch mal, einen Seifenfisch zu schnitzen.

Du brauchst:

- ein Schnitzmesser mit einer abgerundeten Klinge
- ein Stück Seife
- einen Stift

Wichtig: ein Erwachsener sollte mit dabei sein und aufpassen, dass du dich nicht verletzt!

So geht's:

1. Zeichne die Umrisse des Fisches auf das Seifenstück.
2. Entferne entlang der aufgezeichneten Linien alle überschüssige Seife. Dabei schnitzt du zuerst gröber, dann immer feiner.
3. Ist der Fischkörper nun gut zu erkennen? Prima, dann kommen nun noch die Flossen, Schuppen und Augen an die Reihe.

Welche Tiere kann man noch einfach aus Seife schnitzen?
Zeichne hier deine Ideen auf.

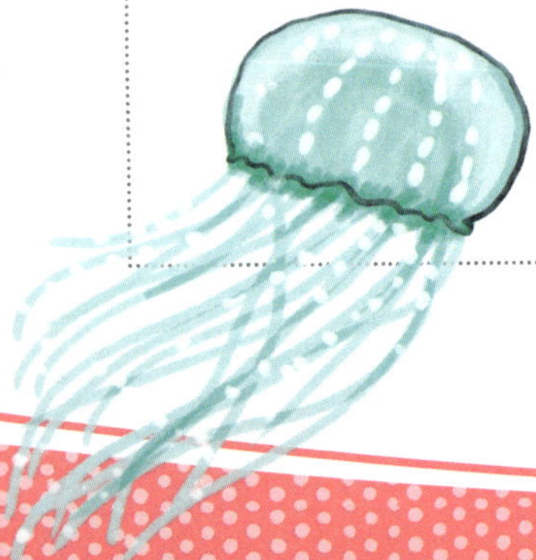

WIE HOCH KANN EIN VOGEL FLIEGEN?

Wie hoch ein Vogel fliegen kann, hängt davon ab, wo er lebt und wovon er sich ernährt. Die Schwalbe nistet unter Hausdächern und in Ställen, sie jagt Mücken – also muss sie nicht so hoch fliegen.
Berühmt für seine Höhenflüge ist ein ganz bestimmter Zugvogel, der auf dem Weg zu seinem Brutplatz das Himalaya-Gebirge überqueren muss. Das ist das höchste Gebirge der Erde mit weit über 8.000 Meter hohen Bergen.

Wie heißt der Vogel? Finde seinen Namen heraus, indem du die Aufgaben ausrechnest und für jedes Ergebnis den passenden Buchstaben einsetzt.

A	B	C	D	E	F	G	H	I	J	K	L	M	N	O	P	Q	R	S	T	U	V	W	X	Y	Z
1	2	3	4	5	6	7	8	9	10	11	12	13	14	15	16	17	18	19	20	21	22	23	24	25	26

1. 38 – 19 = ____ → ____
2. 4 · 5 = ____ → ____
3. 3 · 6 = ____ → ____
4. 50 : 10 = ____ → ____
5. 3 · 3 = ____ → ____
6. 36 : 6 = ____ → ____
7. 25 : 5 = ____ → ____
8. 29 – 15 = ____ → ____
9. 77 : 11 = ____ → ____
10. 100 – 99 = ____ → ____
11. 42 : 3 = ____ → ____
12. 80 – 61 = ____ → ____

LÖSUNGSWORT:

1	2	3	4	5	6	7	8	9	10	11	12

LÖSUNG

(1) 38 – 19 = 19 → S

(2) 4 · 5 = 20 → T

(3) 3 · 6 = 18 → R

(4) 50 : 10 = 5 → E

(5) 3 · 3 = 9 → I

(6) 36 : 6 = 6 → F

(7) 25 : 5 = 5 → E

(8) 29 – 15 = 14 → N

(9) 77 : 11 = 7 → G

(10) 100 – 99 = 1 → A

(11) 42 : 3 = 14 → N

(12) 80 – 61 = 19 → S

1	2	3	4	5	6	7	8	9	10	11	12
S	T	R	E	I	F	E	N	G	A	N	S

WELCHER VOGEL FLIEGT AM HÖCHSTEN?

Hast du das Rätsel auf der vorigen Seite gelöst? Dann weißt du ja schon, wie der Zugvogel heißt, der über das höchste Gebirge der Welt fliegt. Es gibt noch weitere Vogelarten, die sehr hoch fliegen, zum Beispiel der Sperbergeier aus Afrika oder der Andenkondor aus Südamerika.

Trage zuerst den Namen des Zugvogels ein, den du im letzten Rätsel herausgefunden hast. Nimm dann ein Lineal und ziehe damit Linien von den Schnäbeln der Vögel zum Metermaß. So liest du ab, wie hoch jede Vogelart fliegen kann.

LÖSUNG

Die Streifengans fliegt bis zu 10.000 Meter hoch, der Andenkondor erreicht Höhen von 7.000 Metern und der Sperbergeier hält den Höhenflugrekord mit über 11.000 Metern Höhe.

(M)AUSZEIT

Hast du auch schon einmal eine besondere Feder gefunden?
Male die Federn auf dieser Seite so aus, wie es dir gefällt.

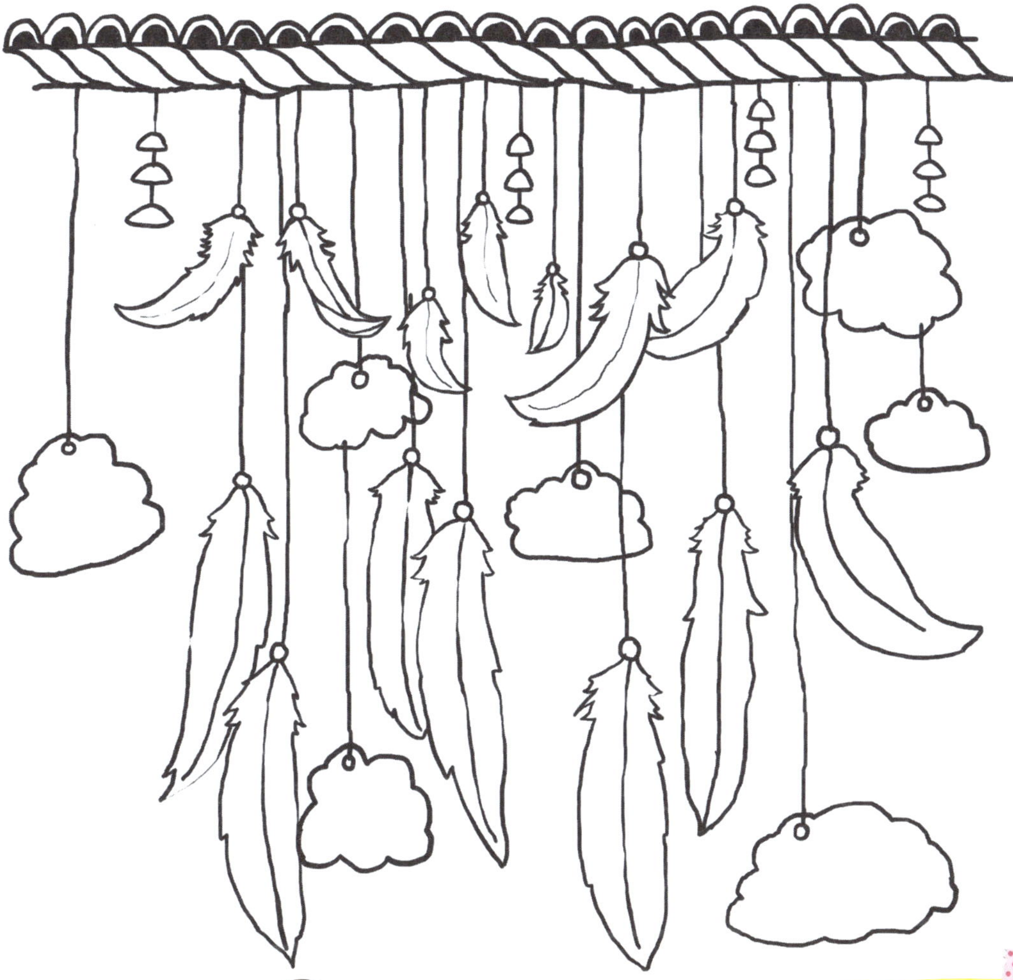

MAUSSCHLAU!

Die Federn der Vögel nutzen sich ab und müssen daher regelmäßig erneuert werden. Die meisten Vogelarten führen daher im Spätsommer eine Vollmauser durch. Das heißt, dass ihnen über einige Wochen verteilt alle Federn ausfallen und direkt wieder nachwachsen.

WELCHER VOGEL KANN NICHT FLIEGEN?

Die meisten Vögel können fliegen. Der Andenkondor ist der größte von ihnen. Es gibt aber auch einige Vögel, die trotz Flügeln nicht in die Luft kommen, obwohl sie Federn haben und Eier legen.

Welche Vögel können nicht fliegen? Kreise sie ein.

SPATZ

ALBATROS

KOHLMEISE

STRAUSS

PINGUIN

EMU

NANDU

SILBERMÖWE

PAPAGEIENTAUCHER

KIWI

KOLIBRI

GRÜNSPECHT

LÖSUNG

Pinguin, Kiwi, Strauß, Emu und Nandu können nicht fliegen.

VOGELHOCHZEIT

Bestimmt kennst du das Kinderlied „Ein Vogel wollte Hochzeit machen“. Aber wie gingen noch mal alle Strophen?

Setze die richtigen Vögel ein, indem du sie nach den Strophen nummerierst.

◯ LERCHE ◯ GÄNSE ◯ EULE ◯ AUERHAHN

◯ DROSSEL ◯ UHUHU ◯ SPERBER ◯ PFAU

◯ FINKELEIN ◯ HAHN ◯ MEISE

1. Ein Vogel wollte Hochzeit machen in dem grünen Walde.
   Fidiralala, fidiralala, fidiralalalalala!
2. Die ... war der Bräutigam, die Amsel war die Braute.
3. Der ..., der ..., war der Hochzeitswerber.
4. Die ... , die ..., die führt die Braut zur Kerche.
5. Der ..., der ..., der war der würd'ge Herr Kaplan.
6. Die ..., die ..., die sang das Kyrieleise.
7. Die ... und die Anten, das war'n die Musikanten.
8. Der ... mit seinem bunten Schwanz,
   der führt die Braut zum Hochzeitstanz.
9. Brautmutter war die ..., nahm Abschied mit Geheule.
10. Das ..., das ..., das führt das Paar ins Kämmerlein.
11. Der ..., der ..., der macht die Fensterläden zu.
12. Der ..., der krähet: „Gute Nacht!“ Dann wird
    die Kammer zugemacht.
13. Nun ist die Vogelhochzeit aus, und alle zieh'n
    vergnügt nach Haus.

LÖSUNG

Das ganze Lied geht so:

1. Ein Vogel wollte Hochzeit machen in dem grünen Walde.
   Fidiralala, fidiralala, fidiralalalalala!
2. Die Drossel war der Bräutigam, die Amsel war die Braute.
3. Der Sperber, der Sperber, der war der Hochzeitswerber.
4. Die Lerche, die Lerche, die führt die Braut zur Kerche.
5. Der Auerhahn, der Auerhahn, der war der würd'ge Herr Kaplan.
6. Die Meise, die Meise, die sang das Kyrieleise.
7. Die Gänse und die Anten, das war'n die Musikanten.
8. Der Pfau mit seinem bunten Schwanz, der führt die Braut zum Hochzeitstanz.
9. Brautmutter war die Eule, nahm Abschied mit Geheule.
10. Das Finkelein, das Finkelein, das führt das Paar ins Kämmerlein.
11. Der Uhuhu, der Uhuhu, der macht die Fensterläden zu.
12. Der Hahn, der krähet: „Gute Nacht!" Dann wird die Kammer zugemacht.
13. Nun ist die Vogelhochzeit aus, und alle zieh'n vergnügt nach Haus.

WENN MAN NACHTS SCHNARCHT, WARUM WIRD MAN SELBST NICHT DAVON GEWECKT?

Die Antwort auf diese Frage ist eigentlich ganz einfach: Ein Schnarcher hat sich mit der Zeit so an seine Schnarchgeräusche gewöhnt, dass er davon nicht aufwacht. Genauso wie sich manche Menschen an den Straßenlärm gewöhnen, den sie nachts vor ihrem Fenster haben, so gewöhnen sich Schnarcher an ihre eigenen Geräusche. Ihr Gehirn entscheidet: Ist nicht so wichtig, schlaf weiter!

Was brauchst du, um richtig gut einschlafen zu können? Ein weiches und großes Kissen oder dein Lieblingsplüschtier? Und von welchen Geräuschen wirst du wach? Vom Staubsauger oder vom lauten Gezwitscher eines Vogels?

Das brauche ich zum Einschlafen:

Von diesen Geräuschen werde ich wach:

MAUSSCHLAU!

Natürlich gibt es auch Leute, die von ihrem Geschnarche aufwachen. Ihr Gehirn speichert das Geräusch immer wieder als störend ab. Und wenn einen etwas stört, wacht man davon auf.

VERRÜCKTE SCHLAFPLÄTZE

Für gewöhnlich schlafen wir in Betten und in Häusern.
Aber es gibt auch ganz verrückte andere Schlafplätze.

**Wo hast du schon einmal übernachtet? Kreise ein.
Und wo möchtest du mal übernachten? Kreuze an!**

- ○ in einem Baumhaus
- ○ in einer Hängematte
- ○ unter freiem Himmel
- ○ im Pferdestall
- ○ auf dem Heuboden
- ○ im Zelt
- ○ im Zirkuswagen
- ○ im Nachtzug
- ○ in einer Holzhütte
- ○ an einem Lagerfeuer am Strand
- ○ ______________________
- ○ ______________________
- ○ ______________________

- ○ in einem Indianertipi
- ○ in einem Iglu
- ○ auf einem Segelboot
- ○ in einer Felsenhöhle

(M)AUSZEIT

Ganz schön praktisch: Die Maus hat ihren Schlafplatz auf Reisen immer dabei. Ob sie dort wohl auch gut schläft? Träum dich in den Urlaub und male den Campingbus so an, wie er dir gefällt.

ALLES NUR GETRÄUMT?

Es gibt wirklich Menschen, die nachts aufstehen und umherwandeln – ohne dabei aufzuwachen. Und am nächsten Tag erinnern sie sich an gar nichts mehr.

Wie werden solche Menschen genannt? Entziffere das Lösungswort, indem du jeden Buchstaben von TRAUMHAFT einmal durchstreichst und die übrigen in die richtige Reihenfolge bringst.

LÖSUNG

SCHLAFWANDLER

WIE HOCH IST DER HIMMEL?

Die Erde ist von einem Schutzmantel umgeben, der Atmosphäre.
Die **Atmosphäre** setzt sich aus mehreren Schichten zusammen, ganz unten ist die **Troposphäre**. Dort leben wir, in ihr ist die Luft, die wir atmen.
Die Troposphäre geht bis zu 15 Kilometer in die Höhe.

Wie heißen die anderen Schichten und bis zu welcher Höhe reichen sie? Lies dir die Angaben durch und trage die Namen der verschiedenen Schichten in die Grafik ein.

Thermosphäre (etwa von 80 bis 1000 km) | **Mesosphäre** (etwa von 50 bis 80 km) | **Stratosphäre** (etwa 12 bis 50 km)

MAUSSCHLAU!

Nur in der Troposphäre gibt es Wetter. In allen oberen Schichten und auch im Weltall gibt es keine Wolken, keinen Regen, keinen Schnee und keinen Wind.

Höhe in Kilometern
1000
80
50
12
0
THERMOSPHÄRE
MESOSPHÄRE
STRATOSPHÄRE
TROPOSPHÄRE
MEERESSPIEGEL

WO HÖRT DER HIMMEL AUF?

Am äußeren Rand der letzten Atmosphären-Schicht beginnt das Weltall. Und das Weltall geht immer weiter. Wir stellen uns vor, dass es unendlich ist. Also hört der Himmel eigentlich nie auf.

Im Weltall sind die Entfernungen unfassbar riesig. Der nächste Stern außerhalb unseres Sonnensystems ist von der Erde etwa 40 Billionen Kilometer entfernt. Ausgeschrieben ergibt das eine Zahl mit 13 Nullen.

Wie heißt dieser Stern? Suche die Zahlen aus der Dreier-Reihe und ordne sie von klein nach groß. Schreibe die dazugehörigen Buchstaben auf.

LÖSUNG

40 Billionen:	**40.000.000.000.000**
Dreier-Reihe:	**3 6 9 12 15 18 21 24 27 30 33 36 39 42 45**
Der Stern heißt:	**P R O X I M A C E N T A U R I**

WARUM WERDEN DIE BLÄTTER IM HERBST ROT UND GELB, ABER NICHT BLAU?

In Blättern von Pflanzen sind nur Farben gespeichert, die für die Pflanze nützlich sind. Blau gehört nicht dazu. Im Herbst ziehen die Bäume das Blattgrün (Chlorophyll) aus den Blättern heraus und lagern es im Stamm und in den Wurzeln für das nächste Jahr. Erst dann werden die braunen, gelben und roten Farbstoffe im Blatt sichtbar – und die hübsche Herbstfärbung ist da!

Hier siehst du ganz viele Blätter, alle liegen übereinander.
Zähle die unterschiedlichen Blätter und trage ihre Anzahl ein.

- ◯ LINDENBLÄTTER
- ◯ BUCHENBLÄTTER
- ◯ KASTANIENBLÄTTER
- ◯ AHORNBLÄTTER
- ◯ EICHENBLÄTTER

LÖSUNG

5 LINDENBLÄTTER

2 KASTANIENBLÄTTER

5 EICHENBLÄTTER

3 BUCHENBLÄTTER

4 AHORNBLÄTTER

BÄUME UND BLÄTTER

Erkennst du das Blatt eines Kastanienbaums?
Zu welchem Baum gehört die Buchecker? Immer drei Dinge passen zusammen: Name des Baums, Frucht und Blatt – verbinde mit verschiedenfarbigen Stiften!

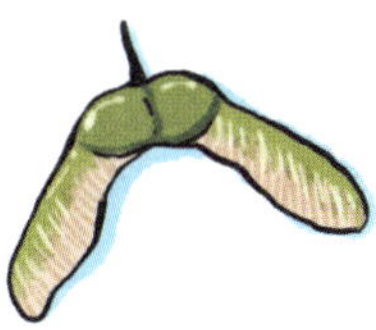

MAUSSCHLAU!

Im Frühjahr bilden sich an Laubbäumen neue grüne Blätter. Das liegt an dem grünen Farbstoff Chlorophyll, der sehr wichtig für den Baum ist. Chlorophyll nutzt die Energie des Sonnenlichts und wandelt sie – zusammen mit Wasser und Kohlendioxid aus der Luft – in Zucker um. Das nennt man Fotosynthese. Nur so kann der Baum wachsen und blühen.

LÖSUNG

(M)AUSZEIT

Im Herbst verfärben sich die Blätter, wir denken an Laubhaufen und Igel, die sich ein Versteck suchen. Welches Bild fällt dir zum Monat Mai ein? Und an was denkst du, wenn du Oktober liest? Male zu jedem Monat im Kalender ein eigenes kleines Bild.

Januar

Februar

März

April

Mai

Juni

Juli

August

September

Oktober

November

Dezember

MAUSSCHLAU!

Bei uns gibt es vier Jahreszeiten, doch das ist nicht überall auf der Welt so. Auf die tropischen Gebiete um den Äquator strahlt die Sonne das ganze Jahr über ungefähr gleich stark. Dort verändert sich die Temperatur kaum und es bleibt auch fast jeden Tag gleich lange hell.

WIE HEISS IST DIE SONNE?

Im inneren Kern der Sonne herrscht eine Temperatur von über 15 Millionen Grad Celsius (15.600.000 °C)! Die Sonne ist so heiß, weil in ihrem Inneren ständig neue Hitze erzeugt wird. Zu einem Großteil besteht die Sonne aus dem Gas Wasserstoff. Die Wasserstoffatome verschmelzen im Inneren der Sonne zu Helium. Das nennt man Kernfusion. Dabei wird viel Energie frei, von der ein Teil zu Wärme wird und ein anderer zu Licht.

Trage auf den Strahlen alle Wörter ein, die dir mit dem Wortanfang „Sonnen-" einfallen.

LÖSUNG

Mögliche Wörter wären zum Beispiel:

Sonnenschirm
Sonnenhut
Sonnenliege
Sonnenfinsternis
Sonnencreme
Sonnenlicht
Sonnenstrahlen
Sonnenschein
Sonnenbrille

WIE GROSS IST DER KLEINSTE BAUM?

Der kleinste Baum überhaupt wächst in den Alpen – und zwar in luftiger Höhe! Zwischen 2.500 und 3.000 Metern über dem Meeresspiegel findet man ihn. Und er ist wirklich klein: Selbst als ausgewachsener Baum ragt er nur wenige Zentimeter aus dem felsigen Boden heraus.

Wie der Baum heißt? Löse das Bilderrätsel und finde seinen Namen heraus.

1 ~~2~~ 3 ~~4~~ ~~5~~

~~1~~ 2 3 ~~4~~

1 ~~2~~ ~~3~~ ~~4~~ ~~5~~

1 2 ~~3~~ ~~4~~ ~~5~~

1 ~~2~~ ~~3~~ ~~4~~

1 ~~2~~ ~~3~~ ~~4~~ 5 ~~6~~

LÖSUNGSWORT:

MAUSSCHLAU!

Ab 3.000 Metern Höhe leben in den Bergen kaum noch Pflanzen, der Boden ist zu steinig – außerdem ist es in diesen Höhen einfach zu kalt. Zum Wachsen brauchen Pflanzen nämlich einige Monate im Jahr eine Temperatur von mindestens 10 °C am Tag.

LÖSUNG

KRAUTWEIDE

DIE GRÖSSTEN BÄUME

Nachdem du den Namen des kleinsten Baumes herausgefunden hast, geht es jetzt um ganz andere Rekorde unter den Bäumen, anderen Pflanzen und Pilzen.

Wie heißen die größten Bäume und was ist der älteste Baum? Rate dich schlau mit diesem Wald-Quiz.

1 Der älteste Baum der Welt ist auf 9.550 Jahre datiert und wächst in ...

a. ... Schweden und ist eine Fichte.

b. ... Afrika und ist ein Affenbrotbaum.

c. ... Deutschland und ist eine Eiche.

2 Die Pflanze, die 70 Zentimeter am Tag wachsen kann, ist ...

a. ... das Schilf.

b. ... der Bambus.

c. ... der Efeu.

3 In Kalifornien (USA) steht ein über 80 Meter hoher Mammutbaum. Er hat einen Umfang von über 30 Metern. Wie viele Schulkinder müssten sich an den Händen fassen, um diesen Baum zu umarmen?

a. 15 Kinder

b. 20 Kinder

c. 25 Kinder

4 Das größte Lebewesen der Erde ist ein Pilz. Dieser Hallimasch erstreckt sich unter der Erde über 1.200 Fußballfelder! Wie alt ist er ungefähr?

a. 140 Jahre

b. 1.400 Jahre

c. 2.400 Jahre

5 Der höchste lebende Baum der Welt ist ebenfalls ein Mammutbaum. Wie hoch ist er?

a. 95 m

b. 115 m

c. 155 m

LÖSUNG

1 a, 2 b, 3 c, 4 c, 5 b

GEHEIMNISVOLLER MÄRCHENWALD

Große Bäume, ein nächtliches „Schuhu“ der Eulen und dunkles Unterholz – der Wald ist seit jeher Schauplatz vieler Geschichten und Erzählungen. Elfen, Kobolde und andere fabelhafte Waldwesen sollen hier zu Hause sein. So spielt der Wald auch in vielen Märchen eine wichtige Rolle.

Wie heißen diese Märchen der Brüder Grimm richtig? Kreuze von jedem Paar den richtigen Titel an.

- ○ Hänsel und Gretel
- ○ Hans und Franz

- ○ Blaukäppchen
- ○ Rotkäppchen

- ○ Schneewittchen und die sieben Zwerge
- ○ Schneewittchen und die sieben Berge

- ○ Sternmaler
- ○ Sterntaler

- ○ Das ängstliche Schneiderlein
- ○ Das tapfere Schneiderlein

- ○ Rumpelstilzchen
- ○ Pumpelstilzchen

- ○ Tantchen und Onkelchen
- ○ Brüderchen und Schwesterchen

LÖSUNG

- [x] Hänsel und Gretel
- [ ] Hans und Franz

- [x] Schneewittchen und die sieben Zwerge
- [ ] Schneewittchen und die sieben Berge

- [ ] Das ängstliche Schneiderlein
- [x] Das tapfere Schneiderlein

- [ ] Tantchen und Onkelchen
- [x] Brüderchen und Schwesterchen

- [ ] Blaukäppchen
- [x] Rotkäppchen

- [ ] Sternmaler
- [x] Sterntaler

- [x] Rumpelstilzchen
- [ ] Pumpelstilzchen

(M)AUSZEIT

Wenn du magst, kannst du das Bild ausmalen, wie es dir gefällt.

ENTHALTEN BLEISTIFTE WIRKLICH BLEI?

Nein, die Minen im Bleistift bestehen nicht aus Blei. Blei ist nämlich giftig. Schon seit dem 19. Jahrhundert werden die Minen von Bleistiften aus Grafit und Ton hergestellt. Seinen Namen hat der Stift daher, dass das Grafit den Blei-Erzen ähnelt, die man schon lange vor der Entdeckung des Grafits kannte. Also nannte man die Stifte einfach Blei-Stifte.

Vor 450 Jahren wurde ein großes Vorkommen von Grafit gefunden. Rate mal, in welchem Land das war! Die Hinweise helfen dir.

- Das Land liegt in Europa.
- Es gehört zu Großbritannien.
- Die größte Stadt in diesem Land heißt London.

LÖSUNGSWORT:

MAUSSCHLAU!

Grafit ist ein schwarz schimmerndes Mineral, das sich fettig anfühlt, sehr weich ist und mit dem man schreiben kann. Es besteht aus Kohlenstoff.

LÖSUNG

Ein großes Vorkommen an Grafit wurde vor 450 Jahren in England gefunden.

WIE KOMMT DIE MINE IN DEN BLEISTIFT?

Bleistifte werden oft aus Zedernholz gefertigt. Dieses Holz hat kaum Astlöcher und lässt sich später leicht anspitzen.

Schritt für Schritt zum fertigen Bleistift: Ordne die Beschreibungen den Bildern richtig zu, indem du sie mit den Zahlen 1–5 nummerierst.

1 In ein Brettchen aus Zedernholz werden kleine Rillen gefräst.

2 In die Rillen werden Bleistiftminen gelegt.

3 Ein zweites Brettchen mit Rillen wird genau passend als Deckel über das erste Brettchen geklebt.

4 Nun wird wieder gefräst. Von der ersten Seite wird die runde Stiftform herausgeschnitten.

5 Eine zweite Fräse macht das Gleiche – nur von der anderen Seite.

6 Zum Schluss bekommt jeder Stift noch eine Lackierung und einen Stempel. Und natürlich werden sie angespitzt!

LÖSUNG

BLEISTIFT UND RADIERGUMMI

Das Gute am Bleistift ist: Man kann das Geschriebene einfach wieder ausradieren. Vielleicht brauchst du bei diesem Rätsel auch ein Radiergummi, denn bestimmt musst du ein bisschen herumprobieren.

Die Zahlen 3, 4, 5, 6, 7, 8, 9, 11, 12, 13, 14 und 16 müssen einmal im Rechenstern vorkommen. Zusammengezählt soll jede Viererreihe die Zahl 36 ergeben. Kannst du die leeren Felder ausfüllen?

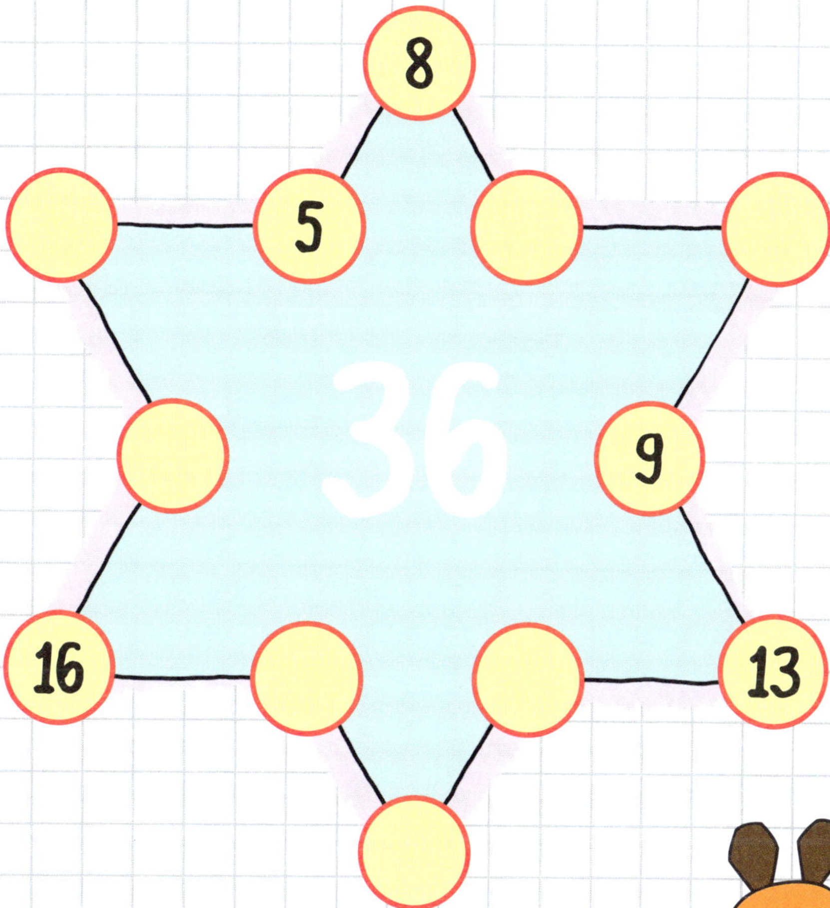

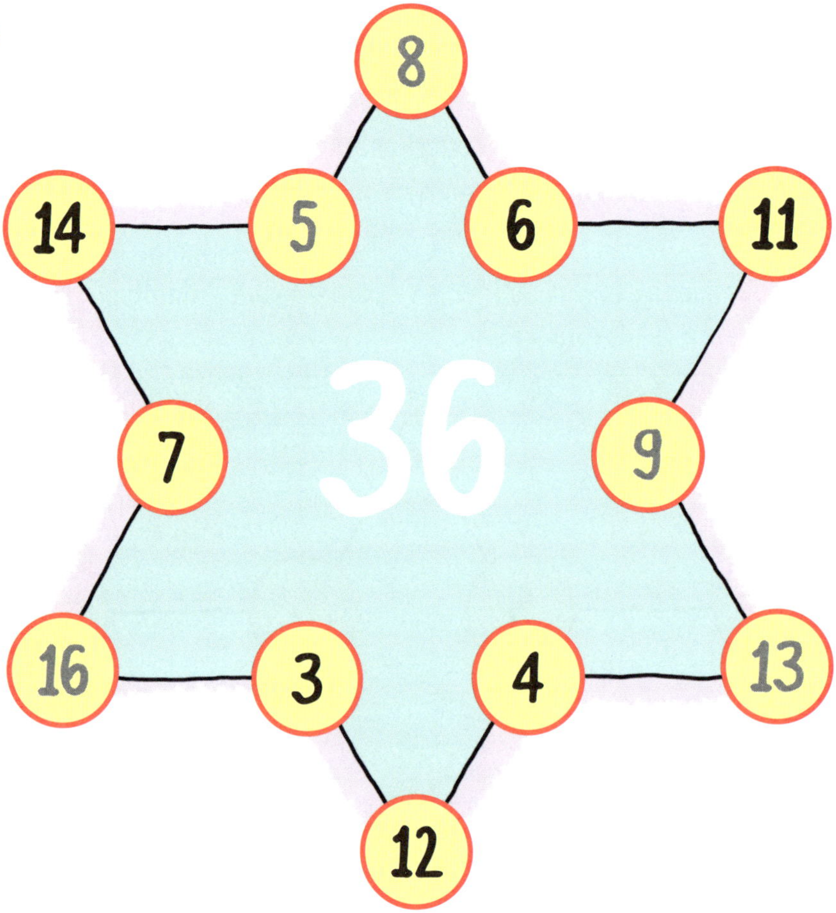
8
14
5
6
11
36
7
9
16
3
4
13
12

SAMMELSURIUM

Bleistifte, Buntstifte, Filzstifte, Radiergummi und Lineal – was hast du noch alles in der Schule dabei?

Finde die acht Unterschiede zwischen beiden Bildern.

MAUSSCHLAU!

In Norddeutschland sagt man Federtasche, im Süden eher Mäppchen. Auch Stiftetasche und Etui sind Namen für das Täschchen, in dem Schüler ihre Stifte aufbewahren. Welchen Namen benutzt du?

FILZST
KLEB

WENN UNSER KÖRPER 37,3 GRAD CELSIUS WARM IST, WARUM SCHWITZT MAN DANN SCHON BEI 20–25 GRAD CELSIUS?

Durch Schwitzen gleicht unser Körper die innere Temperatur aus. Man könnte sagen, das Schwitzen ist unsere Klimaanlage, die dafür sorgt, dass wir im Inneren nicht überhitzen und eine Temperatur von etwa 37 Grad Celsius halten. Schwitzen wird also nicht von der Außentemperatur ausgelöst.

Der Schweiß kühlt den Körper, indem er auf der Haut verdunstet. Dabei gibt es ganz unterschiedliche Ursachen für das Schwitzen:

1. Beim Essen verbrennen wir Nährstoffe. Dabei entsteht wichtige Energie für die Muskeln, aber auch überschüssige Wärme. Die muss durch Schweiß abgesondert werden.
2. Bewegen wir uns viel, wird uns im Inneren warm. Diese überschüssige Hitze muss abgegeben werden.
3. Wenn es draußen zu warm ist, steigt auch die Temperatur im Körper. Um nicht zu überhitzen, schwitzen wir.
4. Bei Angst oder viel Stress wird unser Körper auch warm. Der Körper sondert Angstschweiß ab, der besondere Duftstoffe enthält.

Ein Hund hat nicht genügend Schweißdrüsen, um damit seinen Körper zu kühlen. Was macht er, wenn ihm heiß ist?

a) Er wedelt mit dem Schwanz.

b) Er hechelt mit der Zunge.

c) Er leckt sich über das Fell.

LÖSUNG

b) Er hechelt mit der Zunge.

(M)AUSPROBIERT

Jeder Mensch hat seine eigene Schweißregulierung. Manche Leute beginnen schon bei 20 °C zu schwitzen, andere bleiben bei 30 °C noch ganz cool. Nun wollen wir mal sehen, wie schnell du ins Schwitzen gerätst.

Halte eine Stoppuhr bereit und mach den Sporttest. Jede Übung solltest du eine Minute lang durchführen. Schreib auf, nach wie vielen Minuten du anfängst zu schwitzen. Wie ist es am nächsten Tag? Vergleich doch mal!

Hampelmann: Stell dich breitbeinig hin und strecke die Arme hoch. Hüpfe und schließe dabei gleichzeitig die Arme über dem Kopf und die Beine.

Kniebeugen: Stell dich gerade hin, die Beine etwa hüftbreit auseinander. Nun gehst du in die Hocke und wieder hoch. Achte darauf, dass deine Knie nicht weiter vorne sind als deine Füße

Beine zum Po: Laufe auf der Stelle und ziehe bei jedem Schritt deine Füße bis zum Po an.

Knie hoch: Laufe auf der Stelle und ziehe bei jedem Schritt die Knie nach oben.

Wann beginnst du zu schwitzen?

1. Tag: nach ______ Minuten

2. Tag: nach ______ Minuten

3. Tag: nach ______ Minuten

(M)AUSZEIT

Die Maus ist auch manchmal ganz schön sportlich unterwegs. Verbinde die Zahlen in der richtigen Reihenfolge und finde heraus, welchen Sport die Maus gerade macht. Wenn du magst, kannst du das Bild auch noch bunt ausmalen.

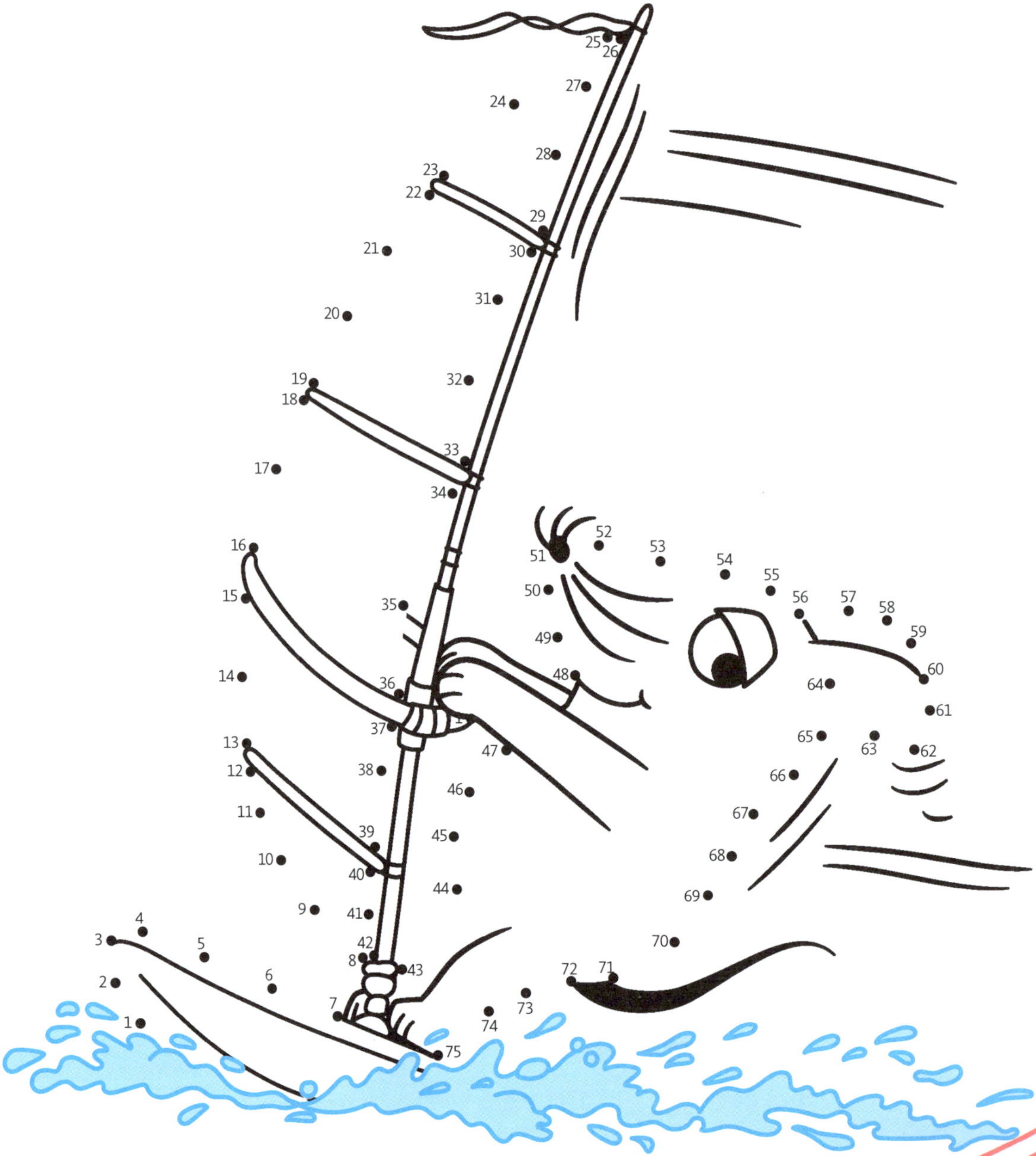

NACH DER SIEGEREHRUNG

Schweiß riecht eigentlich nicht (außer es ist Angstschweiß). Erst nach einiger Zeit beginnt er zu stinken. Und das liegt an den Bakterien, die jeder Mensch auf der Haut hat und die den Schweiß zersetzen. Also: Einem Gewinner beim Sport sollte man immer möglichst schnell gratulieren. Dann ist er zwar klitschnass, aber noch wohlriechend. Einige Zeit später könnte das schon anders sein ...

Bei welchem Wettkampf hat die Maus heute gewonnen? Finde die Sportart heraus, indem du die Linien von den Nummern zu den Buchstaben nachfährst.

LÖSUNG:

1	2	3	4	5	6	7	8	9	10

LÖSUNG

1	2	3	4	5	6	7	8	9	10
H	Ü	R	D	E	N	L	A	U	F

WIE WIRD GLAS HERGESTELLT?!

Glas wurde schon vor vielen Tausend Jahren hergestellt. Dazu brauchte man nur drei Zutaten: viel Quarzsand, etwas Soda (also Natron) und Kalk. Dieses sogenannte „Gemenge“ wurde bei 1.500 °C in einem Ofen geschmolzen. Der heiße Brei war dann schon Glas – allerdings in flüssiger Form.

Wie heißt flüssiges Glas? Finde es heraus, indem du das Bilderrätsel löst.

1 2 3 ~~4~~ ~~5~~ ~~6~~ ~~7~~ ~~8~~

1 2 ~~3~~ ~~4~~ ~~5~~ ~~6~~

~~1~~ 2 ~~3~~ ~~4~~

1 ~~2~~ ~~3~~ ~~4~~ ~~5~~ ~~6~~ 7

LÖSUNG:

Das flüssige Glas wurde auf eine feuerfeste Unterlage gegossen und ausgerollt – fertig war die Glasscheibe!

LÖSUNG

Das flüssige Glas wird **Schmelze** genannt.

UND WIE WIRD GLAS HEUTZUTAGE HERGESTELLT?

Heute stellt man Fensterglas nach dem „Float-Verfahren“ her. „Float“ ist englisch und bedeutet „obenauf schwimmen“. Und das beschreibt ziemlich genau, wie das Glas entsteht.

Vervollständige den Lückentext und erfahre, was beim Float-Verfahren passiert.

GLASZUTATEN · WANNE · GESCHMOLZEN · TEMPERATUR · FLÜSSIGKEITEN · „SCHWIMMEN“ · GLEICHMÄSSIG

Zu Beginn der Glasherstellung wird eine große ________________ mit heißem, flüssigem Zinn befüllt. Dann werden die ________________ im Ofen geschmolzen. Das Mineral Dolomit sorgt dafür, dass die Schmelztemperatur sinkt. Sobald alles ________________ ist, kommt das 1.100 °C heiße, flüssige Glas zu dem flüssigen Zinn in die Wanne.

Die beiden ________________ vermischen sich nicht. Das liegt an ihrer unterschiedlichen Dichte. So kommt es zum „Floaten“, zum ________________ des flüssigen Glases auf dem Zinn.

Man wartet nun noch, bis sich alles ________________ verteilt hat, dann kühlt man den Inhalt der Wanne ab. Bei einer ________________ von etwa 600 °C wird das Glas hart und kann vom flüssigen Zinn abgehoben werden.

LÖSUNG

Zu Beginn der Glasherstellung wird eine große **Wanne** mit heißem, flüssigem Zinn befüllt. Dann werden die **Glaszutaten** im Ofen geschmolzen. Das Mineral Dolomit sorgt dafür, dass die Schmelztemperatur sinkt. Sobald alles **geschmolzen** ist, kommt das 1.100 °C heiße, flüssige Glas zu dem flüssigen Zinn in die Wanne.

Die beiden **Flüssigkeiten** vermischen sich nicht. Das liegt an ihrer unterschiedlichen Dichte. So kommt es zum „Floaten", zum **„Schwimmen"** des flüssigen Glases auf dem Zinn.

Man wartet nun noch, bis sich alles **gleichmäßig** verteilt hat, dann kühlt man den Inhalt der Wanne ab. Bei einer **Temperatur** von etwa 600 °C wird das Glas hart und kann vom flüssigen Zinn abgehoben werden.

GLAS AUS DER NATUR

Lange bevor die Menschen Glas selbst herstellen konnten, benutzten sie es schon. Es kann nämlich auch in der Natur vorkommen: Bei Vulkanausbrüchen werden der Sand und das Gestein manchmal so heiß, dass sie schmelzen und zu Glas werden. Die Menschen in der Steinzeit verwendeten dieses messerscharfe Gesteinsglas für ihre Waffen und Werkzeuge.

Das dunkelgrüne bis schwarze Glas aus Vulkangestein hat einen klingenden Namen. Finde ihn heraus, indem du das Rätsel löst.

1. Der Name des Gesteinsglases besteht aus acht Buchstaben.
2. Der vierte und der sechste Buchstabe sind gleich.
3. Der erste Buchstabe geht dem P im Alphabet voraus.
4. Der zweite Buchstabe ist der zweite im Alphabet.
5. Der dritte Buchstabe ist der Anfangsbuchstabe der Jahreszeit mit den großen Ferien.
6. Der fünfte Buchstabe ist der Anfangsbuchstabe des Wochentages vor Freitag.
7. Der erste Buchstabe im Alphabet steht hier an vorletzter Stelle.
8. Der letzte Buchstabe ist der Anfangsbuchstabe des elften Monats im Jahr.

LÖSUNG:

LÖSUNG

Das Glas aus Vulkangestein heißt **OBSIDIAN**.

(M)AUSZEIT

Das Märchenschloss ist wunderschön. Doch es hat noch gar keine Fenster.
Zeichne farbige Glasfenster in die Wände und Türme.

MAUSSCHLAU!

In vielen Kirchen kannst du bunte Fenster bestaunen. Sie sehen besonders schön aus, wenn die Sonne hindurchscheint und das Innere der Kirche in buntes Licht taucht. Häufig sind auf den Scheiben Figuren aus der Bibel abgebildet, sie erzählen also eine Geschichte.

WARUM SIND DIE MUSCHELN, DIE MAN AM STRAND FINDET, LEER?

Diese Schalenhälften sind nur die übrig gebliebenen Schutzhüllen. Das Innere, also die lebende Muschel mit ihrem weichen Körper, den Organen und dem Fuß, mit dem sie sich bewegt, wurde gefressen – von Bohrschnecken, Seesternen oder Möwen.

Wie viele Schneckenarten und wie viele Muschelarten findest du in diesem Schneckenhaus? Markiere alle Muschelnamen blau, die Schneckennamen gelb.

LÖSUNG: **Es sind ______ Schnecken und ______ Muscheln.**

LÖSUNG

Es sind 4 Schnecken und 6 Muscheln.

MUSCHELRÄTSEL

Am Strand gibt es ganz schön viele Muscheln. Aber eine sieht anders aus als alle anderen. Kannst du sie finden?

LÖSUNG

(M)AUSZEIT

Hier ist Fantasie gefragt: Verziere die Muscheln, Schneckenhäuser, Seesterne und Steine mit hübschen Mustern und male sie bunt aus.

FAMILIENFEST DER MÖWEN

An allen Küsten der Welt leben Möwen. Vor manchen musst du dich in Acht nehmen, sie klauen dir dein Fischbrötchen direkt aus der Hand und picken in deinem Rucksack nach Leckerbissen.

Einmal im Jahr treffen sich die Möwen zum Familienfest.
Doch diesmal haben sich sieben Gäste eingeschlichen, die gar keine Möwen sind.
Welche Möwen gibt es nicht? Kreise sie ein.

STURMMÖWE

HAIMÖWE

EISMÖWE

SAHARAMÖWE

MÜTZENMÖWE

FLAUTENMÖWE

SILBERMÖWE

MANTELMÖWE

HERINGSMÖWE

LACHMÖWE

SONNENMÖWE

KICHERMÖWE

POLARMÖWE

GOLDMÖWE

LÖSUNG

Diese Möwen gibt es nicht:

Goldmöwe

Kichermöwe

Sonnenmöwe

Flautenmöwe

Haimöwe

Saharamöwe

Mützenmöwe

WARUM KANN MAN MUSIK NUR HÖREN, ABER NICHT SEHEN?!

Die meisten von uns können Musik nur hören, nicht sehen. Es gibt aber einige Menschen, die Musik nicht nur über das Ohr wahrnehmen, sondern auch über andere Sinnesorgane. Solche Menschen nennt man Synästhetiker. Sie hören nicht nur die Töne, sondern sehen die Musik gleichzeitig als Farben oder Formen.

Welche Sinne kennst du? Schreibe zu jedem Sinnesorgan auf, wie wir damit wahrnehmen.

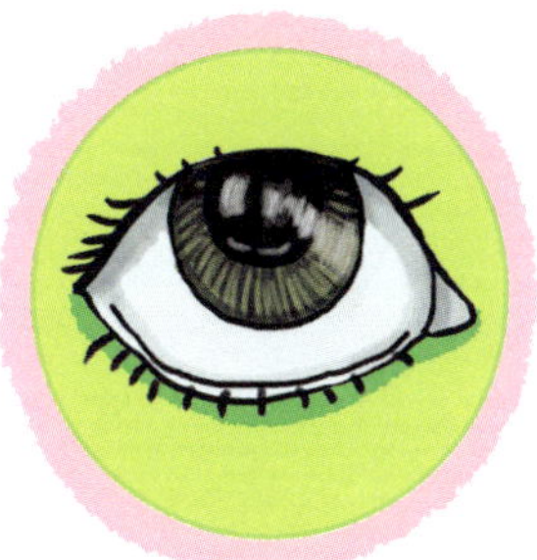

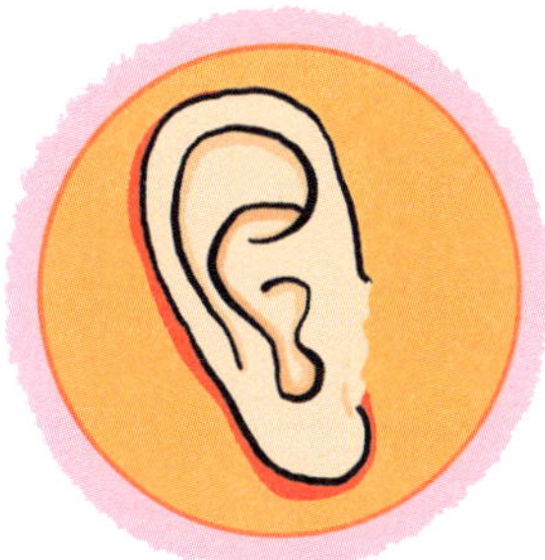

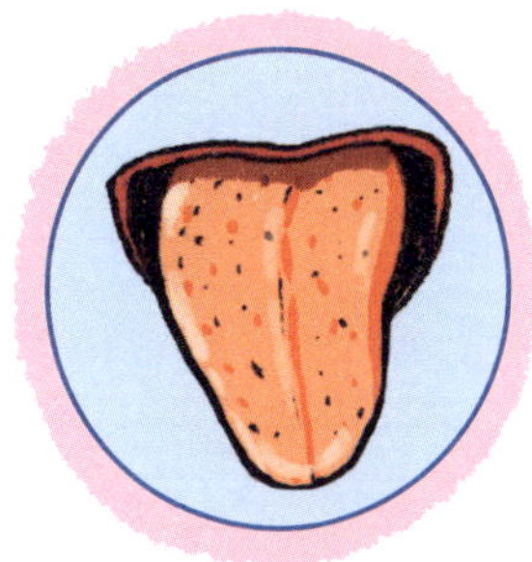

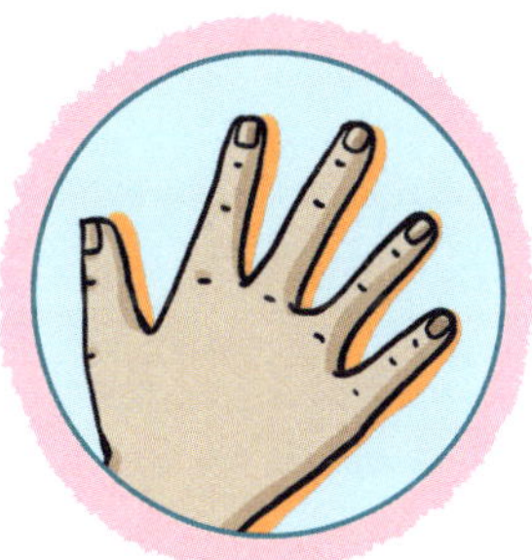

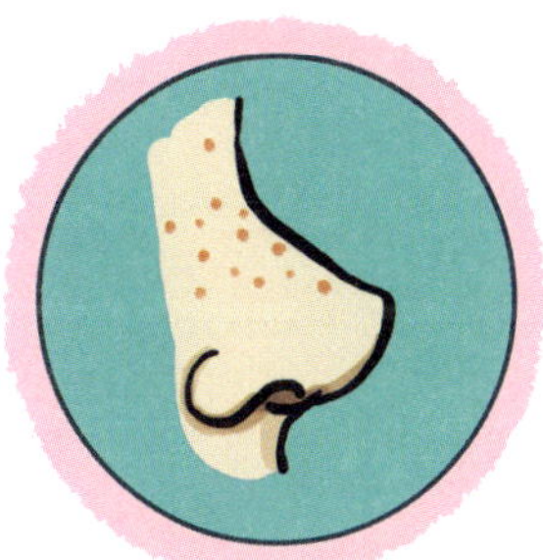

LÖSUNG

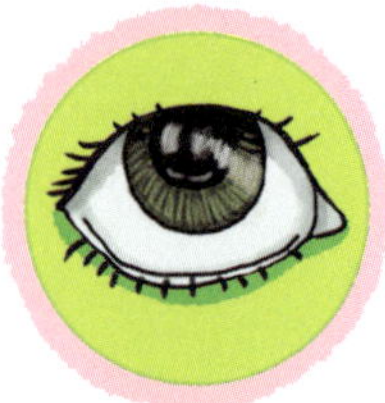
sehen

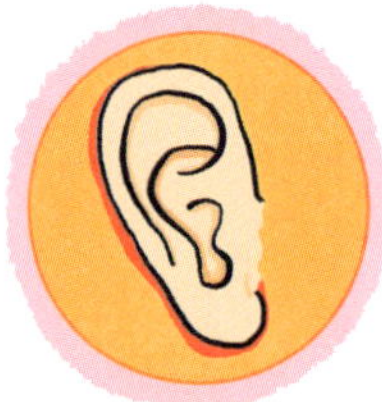
hören

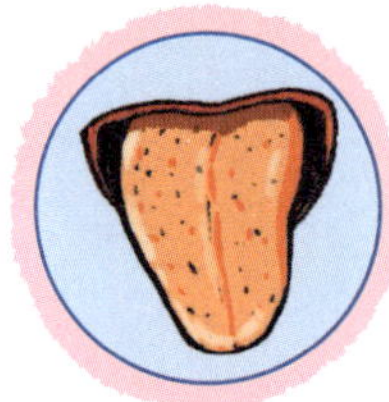
schmecken

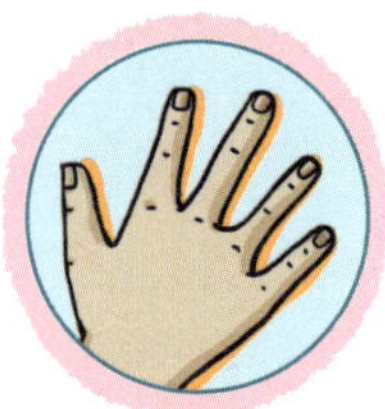
fühlen

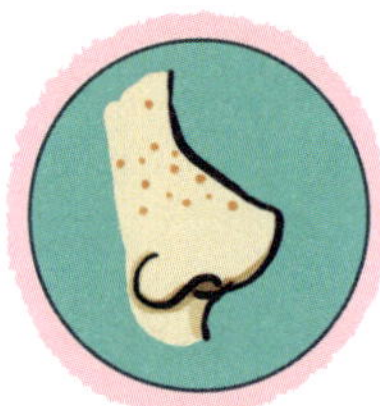
riechen

MUSIKINSTRUMENTE

Musizieren macht Spaß. Kannst du auch ein Instrument spielen?

Trage die Namen der Instrumente in das Gitterrätsel ein (ö = oe).
Die gelb markierten Felder ergeben in der richtigen Reihenfolge das Lösungswort.
Tipp: Es ist ein Streichinstrument.

LÖSUNG:

Geige

(M)AUSPROBIERT

Warum können wir Musik hören? Mit diesem kleinen Experiment kannst du sehen, wie Schallwellen aus der Musikbox die Luft zum Schwingen und Sandkörner zum Tanzen bringen.

Du brauchst:

- eine Schüssel
- ein Stück Plastikfolie
- Klebeband
- etwas Sand
- Musikboxen

So geht's:

Spanne über die Öffnung der Schüssel ganz stramm Plastikfolie und klebe sie fest. Streue dann etwas Sand auf die Folie und stelle die Schüssel vor die Lautsprecher der Musikbox. Und jetzt darfst du richtig laut aufdrehen!

Was passiert? Male es hier auf – und lies dann weiter auf der Rückseite.

Das passiert: Die Sandkörner auf der Folie beginnen zu springen.

Und das liegt daran: Musik sind eigentlich Schallwellen, die aus dem Lautsprecher kommen. Diese Schallwellen sind bewegte Luft, die vorwärts wandert – also vom Lautsprecher bis zu deinen Ohren. Auf ihrem Weg steht nun die Schüssel mit dem Sand. Schallwellen können Dinge zum Schwingen bringen, in diesem Fall die Folie. Und wenn die Folie schwingt, beginnen die Sandkörner zu hüpfen. Sie tun das passend zur Musik, weil die Wellen die Folie in diesem Takt anstoßen.

MAUSSCHLAU!

Nicht nur die Folie beginnt zu schwingen, sondern auch das Trommelfell in unserem Ohr. Das ist eine dünne Haut, die in unserem Ohr gespannt ist. Das Schwingen wird über kleine Knochen an Nerven weitergeleitet. Und diese Nerven schicken dann Informationen an das Gehirn, das erkennt: „Ah, Töne, laute Musik!“

(M)AUSZEIT

Mache dein Lieblingslied an und schnapp dir deine Stifte. Wie klingt die Melodie? Fröhlich, traurig, langsam oder schnell? Und welche Farben passen dazu? Hier ist Platz für ein Bild zu deiner Lieblingsmusik.

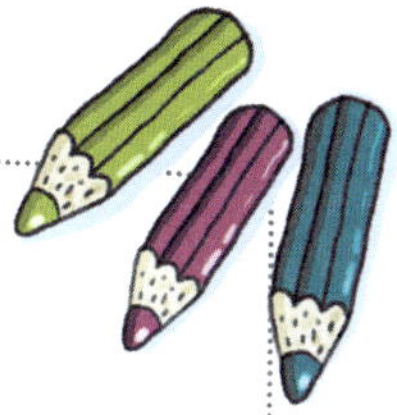

WARUM HEISST DAS MARTINSHORN EIGENTLICH NICHT JULIANS- ODER PETERHORN?

Der Erfinder des Horns arbeitete in der Fabrik seines Schwiegervaters. Und wie hieß der gute Mann mit Nachnamen? Richtig, er hieß Martin. Auch die Firma war nach Herrn Martin benannt. Und so kam es, dass die Hörner, die in dieser Fabrik hergestellt wurden, den Namen des Chefs erhielten: „Martin-Horn“. Am Anfang fehlte tatsächlich noch das „s“. Das hat sich aber schnell dazwischen geschlichen – und so heißt es bis heute Martinshorn und nicht Julians- oder Petershorn.

Welche Fahrzeuge dürfen das Horn mit dem Tatütata benutzen? Kreise ein!

TAXI

SCHULBUS

FEUERWEHR-FAHRZEUG

LKW

E-BIKE

U-BAHN

POLIZEIAUTO

EISWAGEN

PIZZA-SERVICE

MOTORRAD

NOTARZTWAGEN

LÖSUNG

Nur Sondereinsatzfahrzeuge von Feuerwehr, Notarzt und Polizei dürfen das Martinshorn benutzen.

TATÜTATA

Um schnell zum Einsatzort zu gelangen, benutzt die Feuerwehr Blaulicht und das laute Martinshorn. Die anderen Fahrzeuge auf der Straße müssen zur Seite fahren und Platz machen. Auch über rote Ampeln darf ein Sondereinsatzfahrzeug mit Blaulicht fahren.

Wie kommt die Feuerwehr zum brennenden Haus? Suche den richtigen Weg.

BÄCKER
KIOSK

FEUERWEHRFAHRZEUGE

Wenn in der Leitstelle ein Notruf eingeht, blinken alle Lichter in der Feuerwache und die Alarmanlage klingelt.
Sofort lassen die Feuerwehrleute alles stehen und liegen und rutschen an einer Stange hinunter in die Fahrzeughalle. Dort ziehen sie blitzschnell ihre Jacken, Helme und Gürtel an und steigen in die Fahrzeuge.

Weißt du, wie die einzelnen Fahrzeuge der Feuerwehr heißen? Bringe die Buchstaben in die richtige Reihenfolge und schreibe die Namen auf.
Tipp: Die Anfangsbuchstaben sind jeweils groß geschrieben.

rehDfarhzuegleirte

Etinsaanzewg

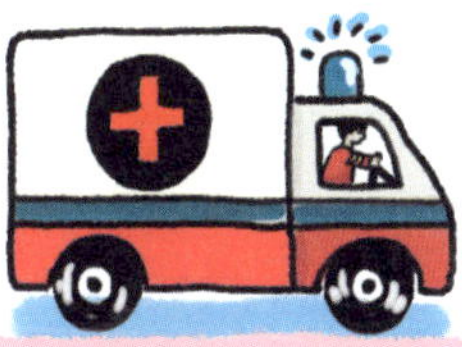

ettnugRswgaen

üwagneRst

ankTlschöfarhzueg

Drehleiterfahrzeug

Einsatzwagen

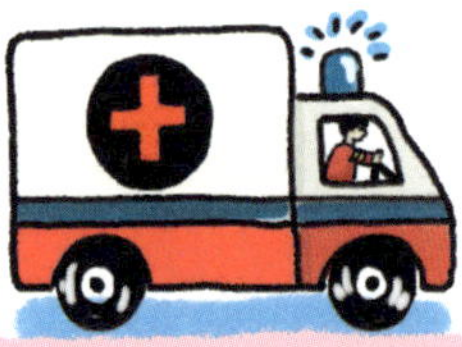

Rettungswagen

Rüstwagen

Tanklöschfahrzeug

VOLL AUSGERÜSTET

Ob Brand, Unfall oder Überschwemmung – für jeden Einsatz gibt es viele Spezialgeräte und besondere Fahrzeuge. So gehören auch Schlauchboote, Motorsägen oder Sicherungsseile dazu.

Hier wurde die Feuerwehr zu einem Brand gerufen. Beschrifte die Gegenstände mit den passenden Nummern.

1. die Atemschutzmaske
2. das Feuerwehrbeil
3. das Absperrband
4. der Verteiler
5. der Schlauch
6. die Feuerwehrkelle
7. die Handschuhe
8. das Megafon
9. der Feuerwehrhelm
10. das Warndreieck
11. die Feuerwehrstiefel
12. das Funksprechgerät
13. der Handfeuerlöscher

1. die Atemschutzmaske
2. das Feuerwehrbeil
3. das Absperrband
4. der Verteiler
5. der Schlauch
6. die Feuerwehrkelle
7. die Handschuhe
8. das Megafon
9. der Feuerwehrhelm
10. das Warndreieck
11. die Feuerwehrstiefel
12. das Funksprechgerät
13. der Handfeuerlöscher

WIE WIRD PAPIER HERGESTELLT?

Papier wird aus Holz gemacht. Für die Herstellung eignen sich vor allem Baumarten, die schnell nachwachsen und eher dünne Stämme haben.

Welche Bäume wachsen schnell nach? Ordne die Buchstaben auf den Baumstämmen und schreibe ihre Namen auf. Die Anfangsbuchstaben sind jeweils groß geschrieben.

Zuerst entfernt man die Rinde, dann wird das Holz in einer Papierfabrik sehr fein zerkleinert. Es wird behandelt und in Wasser eingeweicht, daraus entsteht dann Zellstoff. Das ist ein zäher Brei, der anschließend dünn auf ein Sieb gestrichen wird. Zum Schluss presst man den Brei noch trocken – fertig ist das Papier!

LÖSUNG

Fichte – Kiefer – Birke – Buche

PAPIER WIRD WIEDER ZU PAPIER

Gesammeltes Altpapier kann wieder zu neuem Papier verarbeitet werden. Achte beim Kauf von Schulheften, Druckerpapier oder Taschentüchern darauf, dass sie aus gebrauchtem Papier bestehen. Für dieses Papier musste kein Baum gefällt werden.

Wie heißt das Papier, das ausschließlich aus gebrauchtem Papier besteht? Sortiere die Zeitungsseiten von klein nach groß und bringe so die Buchstaben in die richtige Reihenfolge.
TIPP: Es ist das englische Wort für „Wiederverwertung".

LÖSUNG:

_ _ _ _ _ _ _ _ _ -PAPIER

LÖSUNG

RECYCLING-PAPIER

ALLES AUS HOLZ

Holz ist ein wichtiger Rohstoff, den die Menschen schon immer nutzen. Das Holz diente zum Heizen, aber auch zum Bau von Häusern und Schiffen, von Werkzeugen und Fahrzeugen.

Was wird heute alles aus Holz hergestellt? Kreuze die Dinge an.

MAUSSCHLAU!

Holz ist ein wichtiger Rohstoff. Er wächst zwar nach, aber das kann sehr lange dauern. Weltweit werden jedes Jahr große Waldflächen abgeholzt oder abgebrannt, um Platz für Städte und Äcker zu schaffen. Die Wälder, die noch da sind, müssen wir unbedingt schützen!

LÖSUNG

SCHRIFTROLLEN IM ALTEN ÄGYPTEN

Papier, wie wir es kennen, gab es im alten Ägypten noch nicht. Aber die Ägypter konnten schon Schriftrollen aus Pflanzenfasern herstellen. Da das Fertigen solcher Schriftrollen allerdings sehr aufwendig und teuer war, wurden nur ganz wichtige Mitteilungen des Pharaos auf solchen Rollen aufgeschrieben.

Weißt du, wie die bis zu fünf Meter hohe Pflanze hieß, aus deren Fasern die Ägypter einen Stoff zum Beschreiben machten? Löse das Rätsel.

1. Das Lösungswort besteht aus sieben Buchstaben.
2. Der zweite Buchstabe ist der erste im Alphabet.
3. Der erste und der dritte Buchstabe sind gleich. Er folgt im Alphabet auf das O.
4. Der vierte Buchstabe ist der vorletzte im Alphabet.
5. Der fünfte Buchstabe ist der letzte Buchstabe der kalten Jahreszeit.
6. Der sechste Buchstabe geht im Alphabet dem V voraus.
7. Der siebte Buchstabe ist der Anfangsbuchstabe der warmen Jahreszeit.

MAUSSCHLAU!

Der deutsche Begriff „Papier“ leitet sich von dem Namen dieser Pflanze ab. Was der Name aber bedeutete, weiß man nicht genau. Vielleicht bedeutete er so viel wie „das, was dem Pharao gehört“.

LÖSUNG:

LÖSUNG

PAPYRUS

WARUM LEUCHTEN DIE STERNE?

Sterne sind riesige Feuerbälle, die ihr eigenes Licht produzieren. Was wir in der Dunkelheit leuchten sehen, ist unvorstellbar heißes Gas. Da die meisten Sterne aber viele Milliarden von Kilometern entfernt sind, sehen wir von den riesigen brennenden Gaskörpern nur kleine, leuchtende Punkte.

Welches Sternenbild könnte der Maus gefallen? Verbinde die Leuchtpunkte zu einem Bild.

LÖSUNG:

INTERGALAKTISCH

Wie oft hat sich das Wort **GALAXIE** in diesem Andromedanebel versteckt?

Kreuze an: 7-mal ◯ 8-mal ◯ 9-mal ◯

MAUSSCHLAU!

Im ganzen Universum gibt es Milliarden von Galaxien. Sie haben ganz unterschiedliche Formen. Neben der Milchstraße gibt es zum Beispiel noch den Andromedanebel und den Dreiecksnebel.

LÖSUNG:

8-mal:

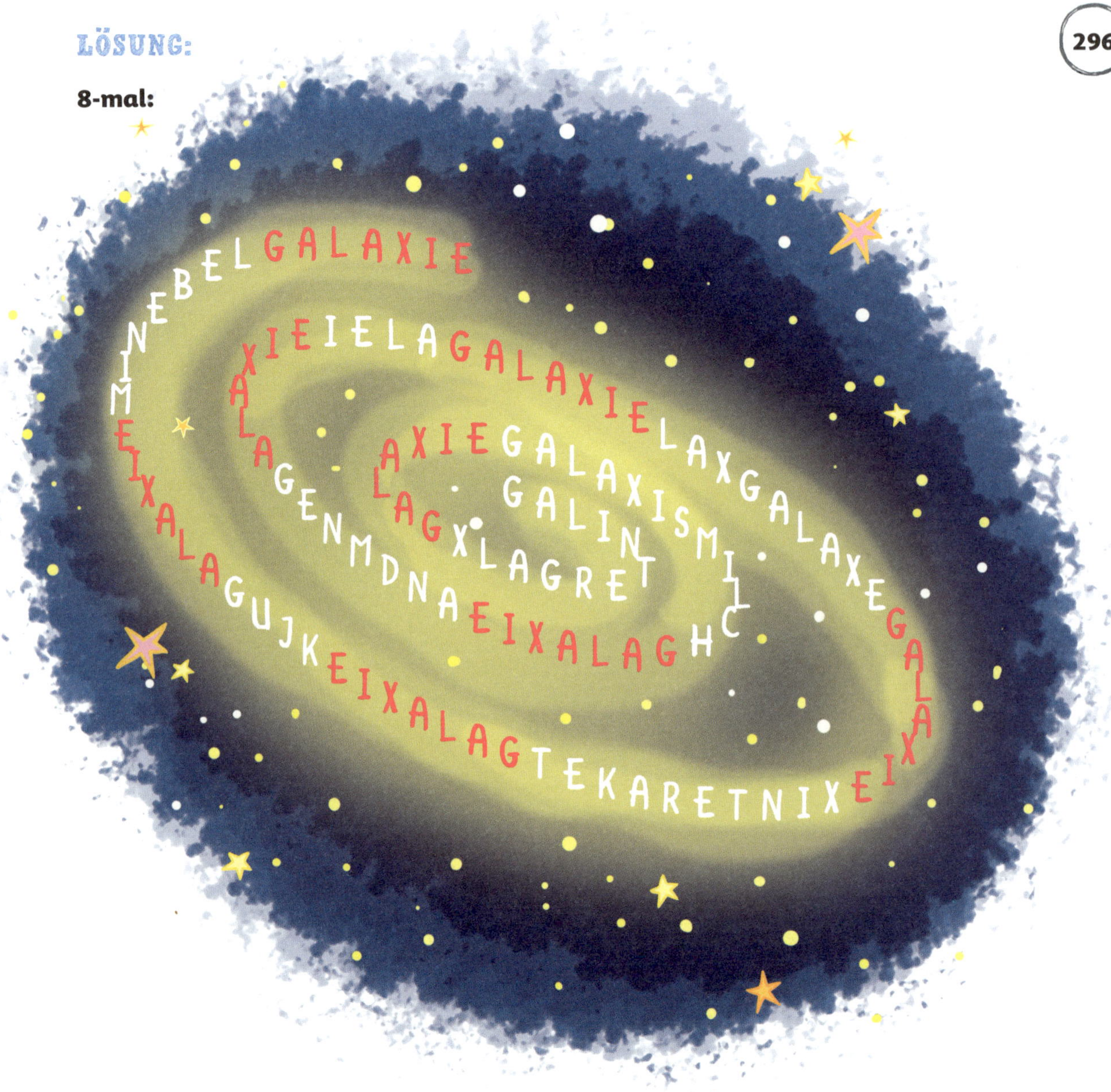

WELTRAUMWÖRTER

In jede Zeile hat sich ein Wort eingeschlichen, das nicht zu den anderen drei Weltraumwörtern passt. Welches ist es? Streiche in jeder Zeile ein Wort durch.

VENUS – JUPITER – PLUTO – HANUTA

ASTRONAUT – KOSMONAUT – MAUSONAUT – TAIKONAUT

RAUMSONDE – RAUMSCHIFF – RAUMANZUG – RAUMPFLANZE

SATELLIT – PLANET – STERN – MOND

RAKETE – E-SCOOTER – SPACESHUTTLE – MARSROVER

MAUSSCHLAU!

Das Weltall sieht schwarz aus, trotz des Sonnenlichts. Wenn man aber von der ISS auf die Erde guckt, sieht man einen blauen schmalen Ring rundherum. Das ist die Atmosphäre – also die Luft, die sich überall um die Erde befindet. Die Atmosphäre schützt tagsüber vor zu großer Wärme der Sonne und nachts vor der Kälte des Alls.

LÖSUNG

Venus – Jupiter – Pluto – ~~**Hanuta**~~

(Es gibt keinen Himmelskörper, der Hanuta heißt.)

Astronaut – Kosmonaut – ~~**Mausonaut**~~ – Taikonaut

(Mausonaut ist erfunden, Kosmonauten heißen die Raumfahrer aus Russland, in China spricht man von Taikonauten. Die Amerikaner nennen ihre Raumfahrer Astronauten.)

Raumsonde – Raumschiff – Raumanzug – ~~**Raumpflanze**~~

~~**Satellit**~~ – Planet – Stern – Mond

(Ein Satellit ist kein Himmelskörper, sondern ein Flugkörper, der einen Planeten oder Mond auf einer Umlaufbahn umkreist. Mithilfe von Satelliten kann das Wetter beobachtet oder das Fernsehprogramm übertragen werden.)

Rakete – ~~**E-Scooter**~~ – Spaceshuttle – Marsrover

(Der E-Scooter ist hier auf der Erde unterwegs, die anderen Fahrzeuge trifft man im Weltall.)

Auf zu den Sternen!
Male für die Astronautin ein intergalaktisch fantasievolles Raumschiff!

PLATZ FÜR DEINE NOTIZEN

PLATZ FÜR DEINE NOTIZEN

PLATZ FÜR DEINE NOTIZEN

PLATZ FÜR DEINE NOTIZEN

PLATZ FÜR DEINE NOTIZEN